Bernd Wehren

Lesen mit Detektiv Pfiffig 2

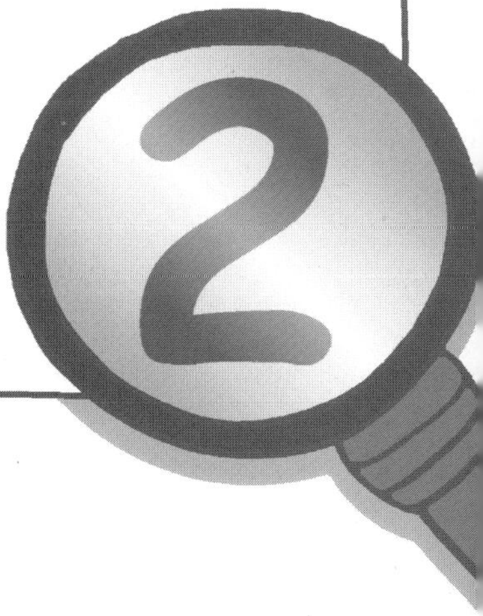

Zweitklässler nehmen Fehlerbilder und Sätze unter die Lupe

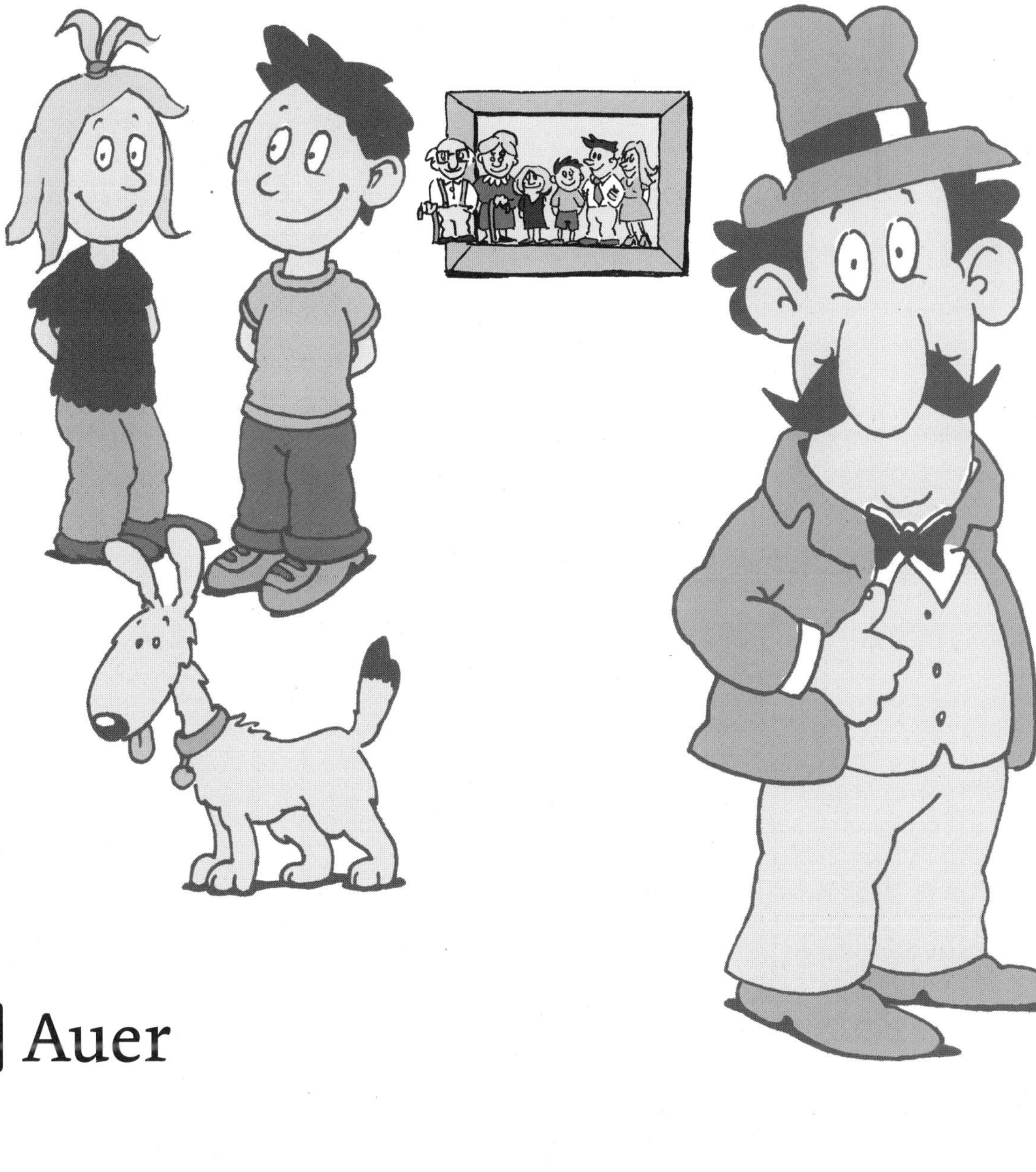

Gedruckt auf umweltbewusst gefertigtem, chlorfrei gebleichtem und alterungsbeständigem Papier.

5. Auflage 2019
Nach den seit 2006 amtlich gültigen Regelungen der Rechtschreibung

Cover-Illustration und Personal auf S. 5: Georg Wieborg
Illustrationen im Innenteil: Grafikdesign Bettina Weyland
Satz: Fotosatz H. Buck, Kumhausen
Druck und Bindung: Franz X. Stückle Druck und Verlag, Ettenheim
ISBN 978-3-403-**06240**-0

www.auer-verlag.de

Inhalt

Zum Konzept

Wer ist Detektiv Pfiffig?

Detektiv Pfiffig wohnt mit seinem Hund Fiffi in Knobelhausen. Seit vielen Jahren passt er auf die Schüler und Lehrer der Neu-Schule auf und hilft beim Lesen und Schreiben. Zusammen mit den Kindern und Lehrern löst Pfiffig auch viele kniffelige und diesmal sogar sehr seltsame Fälle ...

In diesem Pfiffig-Band können Ihre Schülerinnen und Schüler 33 spannende und lustige Fälle rund um Detektiv Pfiffig, seinen Hund Fiffi sowie die Kinder und Lehrer der Neu-Schule lösen. Dabei nehmen sie Suchbilder zu Themen aus ihrer Lebenswirklichkeit genau unter die Lupe und werden seltsame Dinge entdecken: Apfelsaftflaschen wachsen an Obstbäumen, Hühner legen Spiegeleier ... Erst der letzte Fall bringt Licht ins Dunkle: Detektiv Pfiffig hat alles nur geträumt. Aber das wird den Kindern selbstverständlich vorher nicht verraten!

Struktur der Arbeitsblätter und Aufgabentypen:

Jeder Fall besteht aus einer **Doppelseite**. Auf der **linken Seite** suchen die Kinder Fehler in einem liebevoll illustrierten, witzigen Suchbild und finden Sachfehler (Lampen leuchten ohne Strom.) sowie Quatschfehler (Schafe tragen Pullover.). Nachdem sie sich so intensiv mit dem Szenenbild beschäftigt haben, sollen die Kinder frei dazu erzählen. Anschließend lesen sie die Sätze am Bildrand. Die Wörter und Sätze sind passend zum jeweiligen Thema gewählt, um den Wortschatz der Kinder zu erweitern (z. B. Badezimmer: Bademantel, Handtuch, Badewanne, Waschbecken ...). Die Kinder verbinden die Sätze mit dem passenden Bildausschnitt und vervollständigen bzw. malen das Bild nach Vorgabe der Sätze an. So üben sie, genau und sinnerfassend zu lesen.

Auf der **rechten Seite** bearbeiten die Kinder weiterführende Lese-, Schreib- und Mal-Aufgaben und lösen so jeden Fall. Die Anzahl der Aufgaben erhöht sich im Laufe des Buchs und die Aufgabenschwerpunkte der Arbeitsblätter wechseln sich stets ab. Wenn die Kinder den Fall gelöst haben, können sie drei weitere Aufgaben erledigen. Bei allen Zusatzaufgaben (Wörter-Rate-Spiel, Geschichte schreiben, Suchbild malen) verwenden sie die Wörter, Sätze und das Szenenbild des jeweiligen Falls.

Einsatzmöglichkeiten und Differenzierung:

Dieses Buch eignet sich besonders für den Einsatz in der Freiarbeit, dem Wochenplan oder als Hausaufgabe. Da sich die Aufgabentypen und der Seitenaufbau kaum ändern, können die Kinder schon nach kurzer Zeit selbstständig arbeiten und mithilfe der Lösungskarten ihre Ergebnisse eigenständig vergleichen und verbessern. Ist alles richtig, setzen sie ein „Häkchen" in das Feld „Fall gelöst!". Des Weiteren lassen sich die Arbeitsblätter gut einzeln und flexibel einsetzen, z. B. als Zwischenaufgaben, in der freien Lesezeit oder im Förderunterricht.

Die Fälle sind differenziert: Fälle 1 bis 11 sind leicht (gekennzeichnet durch), Fälle 12 bis 22 sind mittel (gekennzeichnet durch) und Fälle 23 bis 33 sind schwer (gekennzeichnet durch). Die leichten Fälle enthalten fünf Fehler und fünf Sätze, die mittleren sechs Fehler und Sätze, die schweren sieben Fehler und Sätze. Außerdem steigert sich schrittweise das Anforderungsniveau der Sätze sowie der Aufgaben der rechten Seite. Am Ende gibt es noch einen Lupen-Zusatz-Fall (S. 72) mit Tipps zum Selbsterfinden eines eigenen Detektiv-Pfiffig-Falls.

Praxistipps:

- Zu Beginn der Detektivarbeit erhalten alle Kinder einen **Detektivausweis** (S. 92). Dort dürfen die Kinder eine Lupe anmalen, wenn sie den jeweiligen Fall gelöst haben.
- Man sollte jeden Fall doppelseitig (evtl. auf ein DIN-A3-Blatt) kopieren. Denn um die weiterführenden Aufgaben der rechten Seite lösen zu können, müssen die Kinder das Suchbild der linken Seite vor sich haben.
- Die Fälle 1 bis 5 sollten Sie gemeinsam mit allen Kindern bearbeiten. In diesen Fällen werden Detektiv Pfiffig, sein Hund Fiffi sowie die Schüler und Lehrer der Neu-Schule vorgestellt. Außerdem enthält Fall 1 die für das Verständnis der Fälle wichtige Ausgangssituation: Detektiv Pfiffig schläft.
- Es empfiehlt sich, die **Lösungskarten** (S. 74–91) zu einem Selbstkontrollheft zusammenzuheften und im Klassenraum auszulegen. Die Zeichnungen sollten dafür noch entsprechend der Aufgaben bemalt werden.
- Nach dem Lösen aller Fälle erhält jedes Kind eine **Urkunde** (S. 93). Die Aussicht auf eine solche Belohnung wirkt als besondere Motivation.

Viel Spaß und Erfolg mit Detektiv Pfiffig wünscht Ihnen und Ihren Schülerinnen und Schülern
Bernd Wehren

Die Lehrer der Neu-Schule

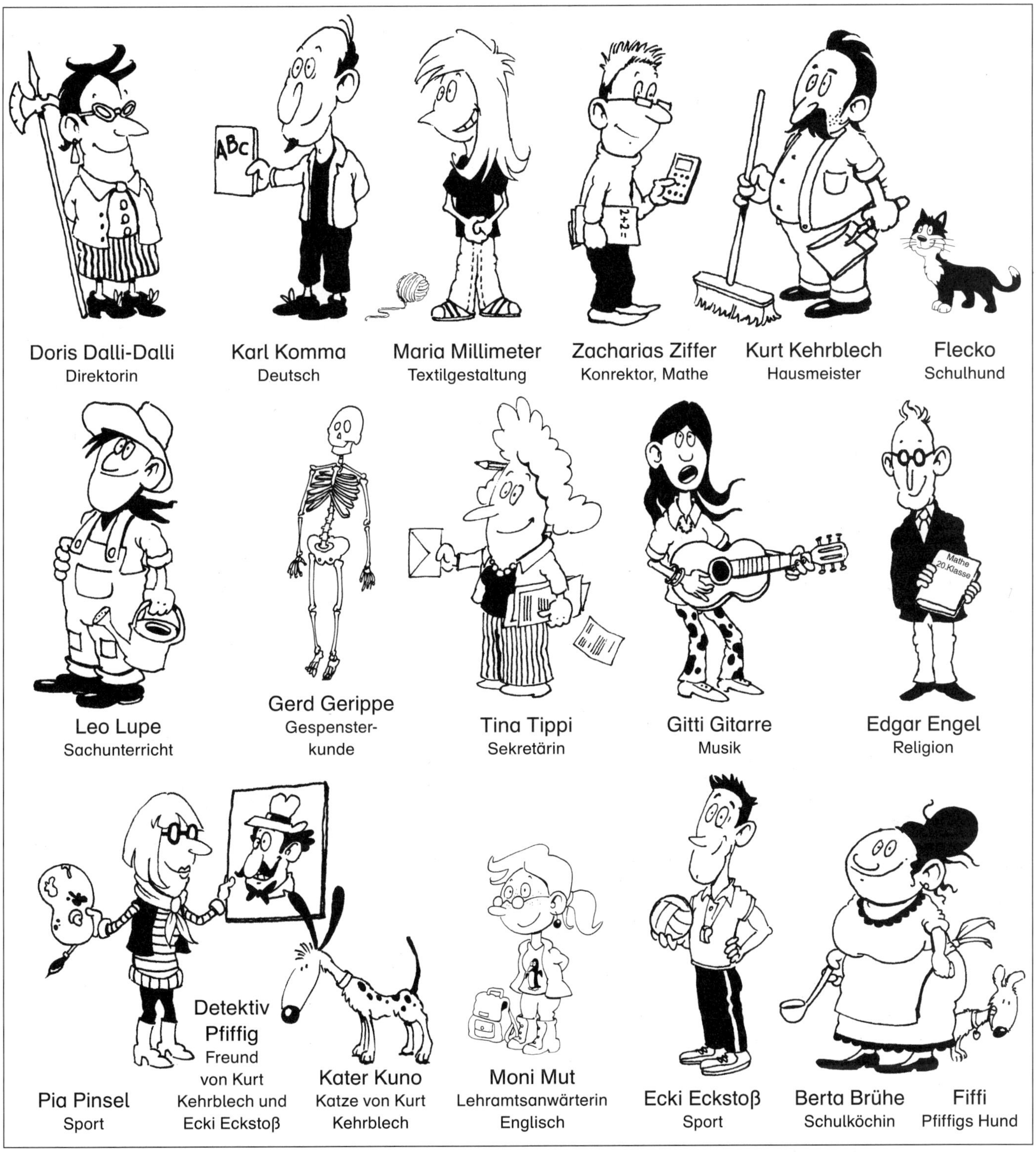

Doris Dalli-Dalli
Direktorin

Karl Komma
Deutsch

Maria Millimeter
Textilgestaltung

Zacharias Ziffer
Konrektor, Mathe

Kurt Kehrblech
Hausmeister

Flecko
Schulhund

Leo Lupe
Sachunterricht

Gerd Gerippe
Gespensterkunde

Tina Tippi
Sekretärin

Gitti Gitarre
Musik

Edgar Engel
Religion

Pia Pinsel
Sport

Detektiv Pfiffig
Freund von Kurt Kehrblech und Ecki Eckstoß

Kater Kuno
Katze von Kurt Kehrblech

Moni Mut
Lehramtsanwärterin
Englisch

Ecki Eckstoß
Sport

Berta Brühe
Schulköchin

Fiffi
Pfiffigs Hund

Was stimmt hier nicht?

Schau dir die Bilder der Lehrerinnen und Lehrer der Neu-Schule genau an.
Lies, wie sie heißen und welche Fächer sie unterrichten.

Findest du alle 6 Fehler?  Kreise ein!

 Kreuze an:

Fall 1 Das Schlafzimmer von Detektiv Pfiffig

Detektiv Pfiffig ist müde, aber glücklich. Denn er und sein Hund Fiffi konnten die Ganoven Pistolen-Paule und Tom Tresor ins Gefängnis stecken. Die Kinder und Lehrer der Neu-Schule haben ihnen dabei geholfen. Detektiv Pfiffig kuschelt sich zufrieden in seine Bettdecke. Und Spürnase Fiffi legt sich auf seine Hundedecke. Doch was ist das? Da stimmt doch etwas nicht im Schlafzimmer …

Das Fenster hat einen roten Griff. ◯

Der Nachttisch neben dem Bett ist grün. ◯

An der Tür hängt ein gelbes Schild mit dem Wort „Schlafzimmer“. ◯

Auf der Bettdecke sind acht schwarze Lupen abgebildet. ◯

Der Kopf von Detektiv Pfiffig liegt auf einem Kissen mit drei blauen Punkten. ◯

Was stimmt hier nicht? Findest du alle 5 Fehler im Bild? **Kreise ein.**

Wie viele Fehler hast du gefunden?  **Kreuze an:** 

 **Erzähle.**  **Lies.**  **Male richtig an und ergänze.**  **Verbinde.**

Fall 1

Löse mit Detektiv Pfiffig den 1. Fall!

Lies. **Kreuze an.**

1. Detektiv Pfiffig hat einen Hund.	◯ ja	◯ nein	◯ vielleicht
2. Sein Hund heißt Fido.	◯ ja	◯ nein	◯ vielleicht
3. Pfiffig ist acht Jahre alt.	◯ ja	◯ nein	◯ vielleicht
4. Pfiffigs Hut liegt auf dem Nachttisch.	◯ ja	◯ nein	◯ vielleicht
5. Unter Pfiffigs Bett steht ein Nachttopf.	◯ ja	◯ nein	◯ vielleicht
6. Hund Fiffi jagt gerne Katzen.	◯ ja	◯ nein	◯ vielleicht
7. Es ist Nacht.	◯ ja	◯ nein	◯ vielleicht
8. Im Nachttisch ist Pfiffigs Lupe.	◯ ja	◯ nein	◯ vielleicht

Schreibe.

9. Was tut Detektiv Pfiffig? a) Detektiv Pfiffig schwimmt. b) Detektiv Pfiffig schläft.

____

10. Was hängt an der Wand? a) Dort hängen Bilder. b) Dort hängen Blumen.

____

Male.

11. Vor der braunen Tür liegt ein weißer Knochen.

12. Neben dem grünen Nachttopf stehen zwei blaue Pantoffeln.

Wie viele Aufgaben hast du gelöst? _______ **von 12 Aufgaben**

Kontrolliere. Verbessere. ✓ ➡ ☐ **Fall gelöst!**

Das kannst du auch noch machen:

1. Spiel: Erkläre „Schlafzimmer-Wörter“ mit eigenen Worten, mit Gesten oder mit Zeichnungen. Wer errät die Wörter?
2. Schreibe eine Geschichte zu dem Bild. Die Sätze und Wörter auf den beiden Seiten können dir dabei helfen. Lies vor.
3. Male ein eigenes „Schlafzimmer-Suchbild“ mit neuen Quatsch- und Sachfehlern. Wer findet deine Fehler?

Fall 2

Das Badezimmer von Detektiv Pfiffig

Aus der Tasche des Bademantels hängt eine Schlafmütze. ○

Das weiche Handtuch ist rot. ○

Im Waschbecken schwimmt eine gelbe Ente. ○

Die Badematte ist blau, rot, grün und gelb. ○

Die Badewanne ist gelb. ○

Was stimmt hier nicht? Findest du alle 5 Fehler im Bild? Kreise ein.

Wie viele Fehler hast du gefunden? Kreuze an:

Erzähle. Lies. Male richtig an und ergänze. Verbinde.

Löse mit Detektiv Pfiffig den 2. Fall!

Fall 2

Lies. **Kreuze an.**

1. Detektiv Pfiffig trägt Stiefel.	○ ja	○ nein	○ vielleicht
2. Es ist 8 Uhr morgens.	○ ja	○ nein	○ vielleicht
3. Pfiffig hält die Zahnbürste in der linken Hand.	○ ja	○ nein	○ vielleicht

Schreibe.

4. Was trägt Detektiv Pfiffig? a) Er trägt einen Bademantel. b) Er trägt einen Pulli.

___

5. Was liegt auf dem Boden? a) Dort liegt eine Badematte. b) Dort liegt eine Bettdecke.

___

6. Was ist in der Badewanne? a) In der Wanne ist Wolle. b) In der Wanne ist Wasser.

___

7. Was tut Detektiv Pfiffig? a) Er putzt seine Zähne. b) Er putzt seine Schuhe.

___

Male.

8. Vor dem blauen Fenster steht eine rote Vase mit einer gelben Blume.

9. Neben der Wanne liegen zwei braune Schwimmflügel.

Wie viele Aufgaben hast du gelöst? ______ **von 9 Aufgaben**

Kontrolliere. Verbessere. ✓ ➡ ☐ **Fall gelöst!**

Das kannst du auch noch machen:

1. Spiel: Erkläre „Badezimmer-Wörter“ mit eigenen Worten, mit Gesten oder mit Zeichnungen. Wer errät die Wörter?
2. Schreibe eine Geschichte zu dem Bild. Die Sätze und Wörter auf den beiden Seiten können dir dabei helfen. Lies vor.
3. Male ein eigenes „Badezimmer-Suchbild“ mit neuen Quatsch- und Sachfehlern. Wer findet deine Fehler?

Fall 3

Das Büro von Detektiv Pfiffig

Der Rahmen des Bildes ist braun. ◯

Detektiv Pfiffig trägt eine blaue Hose. ◯

Im roten Regal stehen zehn bunte Bücher. ◯

Der Schreibtisch hat braune und schwarze Streifen. ◯

Das gelbe Telefon mit dem schwarzen Kabel klingelt. ◯

Was stimmt hier nicht? Findest du alle 5 Fehler im Bild? Kreise ein.

Wie viele Fehler hast du gefunden? Kreuze an:

Erzähle. Lies. Male richtig an und ergänze. Verbinde.

Fall 3

Löse mit Detektiv Pfiffig den 3. Fall!

Lies. **Kreuze an.**

1. Die böse Bonbon-Bande wird gesucht.	○ ja	○ nein	○ vielleicht
2. Pfiffig hält die Lupe in der linken Hand.	○ ja	○ nein	○ vielleicht
3. Hund Fiffi trinkt Kaffee.	○ ja	○ nein	○ vielleicht
4. Im Tresor liegen Fotos von der Bonbon-Bande.	○ ja	○ nein	○ vielleicht
5. Auf dem Schreibtisch liegen mehrere Stifte.	○ ja	○ nein	○ vielleicht

Schreibe.

6. Was macht Fiffi? a) Der Hund frisst. b) Der Hund bellt und jault.

___

7. Was steht auf dem Regal? a) Dort stehen Bücher. b) Dort steht eine Blume.

___

8. Was hängt an der Wand?
a) An der Wand hängt eine Lupe. b) An der Wand hängt eine Uhr.

___

Male.

9. Am schwarzen Kleiderständer hängt ein bunter Schal.

10. Detektiv Pfiffig hält in der rechten Hand die rote Hundeleine.

11. Vor dem grauen Tresor liegen braune Zettel.

12. Neben dem Schreibtisch steht ein blauer Papierkorb.

Wie viele Aufgaben hast du gelöst? ______ **von 12 Aufgaben**

Kontrolliere. Verbessere. ✓ ➡ ☐ **Fall gelöst!**

Das kannst du auch noch machen:
1. Spiel: Erkläre „Büro-Wörter" mit eigenen Worten, mit Gesten oder mit Zeichnungen. Wer errät die Wörter?
2. Schreibe eine Geschichte zu dem Bild. Die Sätze und Wörter auf den beiden Seiten können dir dabei helfen. Lies vor.
3. Male ein eigenes „Büro-Suchbild" mit neuen Quatsch- und Sachfehlern. Wer findet deine Fehler?

Fall 4

Der Schulhof der Neu-Schule

Im grauen Mülleimer liegt viel Abfall. ○

Ein Mädchen mit langen roten Haaren rennt hinter einem Jungen her. ○

Der gelbe Ball hat fünf schwarze Punkte. ○

An einer der braunen Turnstangen hängt ein Kind. ○

Das Mädchen mit den braunen Zöpfen springt Seil. ○

NEU-SCHULE

Was stimmt hier nicht? Findest du alle 5 Fehler im Bild? Kreise ein.

Wie viele Fehler hast du gefunden? Kreuze an:

Erzähle. Lies. Male richtig an und ergänze. Verbinde.

Löse mit Detektiv Pfiffig den 4. Fall!

Fall 4

Lies. **Kreuze an.**

1. Kinder spielen auf dem Schulhof.	◯ ja	◯ nein	◯ vielleicht
2. Zwei Kinder spielen Tennis.	◯ ja	◯ nein	◯ vielleicht
3. Neben der Neu-Schule steht ein Baum.	◯ ja	◯ nein	◯ vielleicht
4. Hinter der Schule stehen Fahrräder der Kinder.	◯ ja	◯ nein	◯ vielleicht
5. Vier Kinder streiten sich.	◯ ja	◯ nein	◯ vielleicht
6. Auf einer Bank liest ein Kind ein Buch.	◯ ja	◯ nein	◯ vielleicht
7. In fünf Minuten ist die Pause vorbei.	◯ ja	◯ nein	◯ vielleicht
8. Pfiffig möchte mit Tischtennis spielen.	◯ ja	◯ nein	◯ vielleicht

Schreibe.

9. Was machen die Kinder auf dem Schulhof?
a) Die Kinder schielen. b) Die Kinder spielen.

____

10. Wo sitzt Tina Tippi und liest?
a) Sie sitzt auf einer Bank. b) Sie sitzt in einer Bank.

____

Male.

11. Der Himmel ist blau und die Wolken sind grau.

12. Neben der roten Wippe liegen zwei blaue Seile.

Wie viele Aufgaben hast du gelöst? ______ **von 12 Aufgaben**

Kontrolliere. Verbessere. ✓ ➡ ☐ **Fall gelöst!**

Das kannst du auch noch machen:
1. Spiel: Erkläre „Schulhof-Wörter“ mit eigenen Worten, mit Gesten oder mit Zeichnungen. Wer errät die Wörter?
2. Schreibe eine Geschichte zu dem Bild. Die Sätze und Wörter auf den beiden Seiten können dir dabei helfen. Lies vor.
3. Male ein eigenes „Schulhof-Suchbild“ mit neuen Quatsch- und Sachfehlern. Wer findet deine Fehler?

Fall 5 Die Neu-Schule

Aus dem Fenster oben schauen zwei Schüler. ◯

An der Garderobe der Klasse 4a hängen zwei Jacken. ◯

Die gelbe Eingangstür hat vier blaue Fenster. ◯

Der Lehrer mit dem gelben Ball heißt Ecki Eckstoß. ◯

Der Hausmeister mit dem braunen Besen heißt Kurt Kehrblech. ◯

Was stimmt hier nicht? Findest du alle 5 Fehler im Bild? Kreise ein.

Wie viele Fehler hast du gefunden? Kreuze an:

Erzähle. Lies. Male richtig an und ergänze. Verbinde.

Löse mit Detektiv Pfiffig den 5. Fall!

Fall 5

Lies. **Kreuze an.**

1. In der Neu-Schule gibt es acht Klassen.	◯ ja	◯ nein	◯ vielleicht
2. Das Lehrerzimmer ist im obersten Stockwerk.	◯ ja	◯ nein	◯ vielleicht
3. An der Neu-Schule unterrichten Kinder.	◯ ja	◯ nein	◯ vielleicht

Schreibe.

4. Was hängt an der Garderobe? a) Dort hängt ein Klavier. b) Dort hängt Kleidung.

____

5. Was tragen die Kinder auf dem Rücken? a) Sie tragen Ranzen. b) Sie tragen Raupen.

____

6. Womit fegt der Hausmeister? a) Er fegt mit dem Beil. b) Er fegt mit dem Besen.

____

7. Was machen die Lehrer? a) Sie unterrichten Kühe. b) Sie unterrichten Kinder.

____

Male.

8. Alle Stufen der Treppen sind gelb.
9. Vor der Eingangstür sind insgesamt sieben Kinder.

Wie viele Aufgaben hast du gelöst? _______ **von 9 Aufgaben**

Kontrolliere. Verbessere. ✓ ➡ ☐ **Fall gelöst!**

Das kannst du auch noch machen:

1. Spiel: Erkläre „Grundschul-Wörter“ mit eigenen Worten, mit Gesten oder mit Zeichnungen. Wer errät die Wörter?
2. Schreibe eine Geschichte zu dem Bild. Die Sätze und Wörter auf den beiden Seiten können dir dabei helfen. Lies vor.
3. Male ein eigenes „Grundschul-Suchbild“ mit neuen Quatsch- und Sachfehlern. Wer findet deine Fehler?

Fall 6

Ein Klassenraum der Neu-Schule

Die Tafel ist grün. ○

Max malt ein schönes Bild mit zwei Buntstiften. ○

An den drei grünen Tischen sitzen zwei Kinder und rechnen. ○

Detektiv Pfiffig spielt mit zwei Kindern Karten. ○

Lea liest in ihrem gelben Buch „Tiere“. ○

Was stimmt hier nicht? Findest du alle 5 Fehler im Bild? Kreise ein.

Wie viele Fehler hast du gefunden? Kreuze an:

Erzähle. Lies. Male richtig an und ergänze. Verbinde.

Löse mit Detektiv Pfiffig den 6. Fall!

Lies. **Kreuze an.**

1. Pfiffig kniet auf dem Boden.	◯ ja	◯ nein	◯ vielleicht
2. Über der Tafel hängen die Klassenregeln.	◯ ja	◯ nein	◯ vielleicht
3. Lea liest im Tierbuch etwas über Wale.	◯ ja	◯ nein	◯ vielleicht
4. Neben dem Fenster hängt ein ABC-Poster.	◯ ja	◯ nein	◯ vielleicht
5. Fiffi ist der Lehrer der Klasse.	◯ ja	◯ nein	◯ vielleicht

Schreibe.

6. Was macht Max? a) Er malt. b) Er schneidet.

____

7. Wie viele Buchstaben hat das ABC?
a) Es hat 24 Buchstaben. b) Es hat 26 Buchstaben.

____

8. Was machen die Mädchen vorne rechts? a) Sie rechnen. b) Sie lesen.

____

Male.

9. Unter dem Fenster hängt ein Foto der Klasse 2a.

10. Auf dem gelben ABC-Poster sind A, E, I, O, U braun eingekreist.

11. In der roten Spielkiste liegen zwei braune Bälle.

12. Neben den grünen Tischen stehen zwei bunte Schulranzen.

Wie viele Aufgaben hast du gelöst? ______ **von 12 Aufgaben**

Kontrolliere. Verbessere. ✓ ➡ ☐ **Fall gelöst!**

Das kannst du auch noch machen:
1. Spiel: Erkläre „Klassenraum-Wörter“ mit eigenen Worten, mit Gesten oder mit Zeichnungen. Wer errät die Wörter?
2. Schreibe eine Geschichte zu dem Bild. Die Sätze und Wörter auf den beiden Seiten können dir dabei helfen. Lies vor.
3. Male ein eigenes „Klassenraum-Suchbild“ mit neuen Quatsch- und Sachfehlern. Wer findet deine Fehler?

Fall 7

Die Küche der Neu-Schule

Der gelbe Ofen hat fünf blaue Knöpfe. ◯

Auf dem Herd stehen ein Topf und eine Pfanne. ◯

Die Köchin Berta Brühe trägt eine rote Schürze. ◯

Jan und Lisa essen eine gelbe Banane und eine grüne Birne. ◯

Auf dem Tisch stehen zwei Teller mit zwei Gabeln und zwei Messern. ◯

Was stimmt hier nicht? Findest du alle 5 Fehler im Bild? Kreise ein.

Wie viele Fehler hast du gefunden? Kreuze an:

Erzähle. Lies. Male richtig an und ergänze. Verbinde.

Löse mit Detektiv Pfiffig den 7. Fall!

Fall 7

Lies. Kreuze an.

1. Es ist 8 Uhr.	○ ja	○ nein	○ vielleicht
2. Curry und Pfeffer sind Gewürze.	○ ja	○ nein	○ vielleicht
3. Detektiv Pfiffig trägt eine Kochmütze.	○ ja	○ nein	○ vielleicht
4. Köchin Berta Brühe hält eine Gabel.	○ ja	○ nein	○ vielleicht
5. Pfiffig hat einen Kochlöffel in der Hand.	○ ja	○ nein	○ vielleicht
6. Im Topf kochen Kartoffeln.	○ ja	○ nein	○ vielleicht
7. Die Kinder essen Obst.	○ ja	○ nein	○ vielleicht
8. Detektiv Pfiffig ist ein guter Koch.	○ ja	○ nein	○ vielleicht

Schreibe.

9. Was steht neben dem Tisch? a) Dort steht ein Sofa. b) Dort steht ein Stuhl.

____

10. Was ist über dem Spülbecken?
a) Dort ist ein Wasserball. b) Dort ist ein Wasserhahn.

____

Male.

11. Die rote Obstschale steht auf einer gelben Tischdecke.

12. Auf dem braunen Schrank stehen vier blaue Dosen.

Wie viele Aufgaben hast du gelöst? ______ **von 12 Aufgaben**

Kontrolliere. Verbessere. ✓ ➡ ☐ **Fall gelöst!**

Das kannst du auch noch machen:

1. Spiel: Erkläre „Küchen-Wörter“ mit eigenen Worten, mit Gesten oder mit Zeichnungen. Wer errät die Wörter?
2. Schreibe eine Geschichte zu dem Bild. Die Sätze und Wörter auf den beiden Seiten können dir dabei helfen. Lies vor.
3. Male ein eigenes „Küchen-Suchbild“ mit neuen Quatsch- und Sachfehlern. Wer findet deine Fehler?

Fall 8

Der Schulbus

An der Haltestelle stehen drei Kinder. ◯

Im bunten Bus sitzen viele Kinder. ◯

Das blaue Auto fährt hinter dem Fahrrad. ◯

Neben der Ampel steht eine Oma mit Stock. ◯

Über den weißen Zebrastreifen rollt ein grüner Ball. ◯

Was stimmt hier nicht? Findest du alle 5 Fehler im Bild? Kreise ein.

Wie viele Fehler hast du gefunden? Kreuze an:

Erzähle. Lies. Male richtig an und ergänze. Verbinde.

Löse mit Detektiv Pfiffig den 8. Fall!

Fall 8

Lies. Kreuze an.

1. Das Fahrrad fährt hinter dem Schulbus.	◯ ja	◯ nein	◯ vielleicht
2. Der Busfahrer heißt Rudi Rakete.	◯ ja	◯ nein	◯ vielleicht
3. Das Auto fährt vor dem Fahrrad.	◯ ja	◯ nein	◯ vielleicht

Schreibe.

4. Was macht der Busfahrer? a) Er fährt ein Boot. b) Er fährt einen Bus.

____

5. Wer steht an der Haltestelle? a) Dort steht eine Oma. b) Dort stehen Kinder.

____

6. Wo fahren Autos? a) Sie fahren auf Straßen. b) Sie fahren auf Spielplätzen.

____

7. Wie viele Räder hat ein Fahrrad? a) Es hat vier Räder. b) Es hat zwei Räder.

____

Male.

8. Auf dem grünen und gelben Halteschild sitzt ein schwarzer Vogel.

9. Der Mann auf dem gelben Fahrrad trägt einen roten Helm.

Wie viele Aufgaben hast du gelöst? ______ **von 9 Aufgaben**

Kontrolliere. Verbessere. ✓ ➡ ☐ **Fall gelöst!**

Das kannst du auch noch machen:
1. Spiel: Erkläre „Verkehrs-Wörter“ mit eigenen Worten, mit Gesten oder mit Zeichnungen. Wer errät die Wörter?
2. Schreibe eine Geschichte zu dem Bild. Die Sätze und Wörter auf den beiden Seiten können dir dabei helfen. Lies vor.
3. Male ein eigenes „Verkehrs-Suchbild“ mit neuen Quatsch- und Sachfehlern. Wer findet deine Fehler?

Fall
9

Die Turnhalle der Neu-Schule

Von der Decke hängen zwei braune Ringe. ○

Ben wirft den roten Basketball in den Korb. ○

Unter dem braunen Balken liegen zwei blaue Matten. ○

Im Netz liegen sechs bunte Bälle. ○

Auf der braunen Bank liegen zwei Seile. ○

Was stimmt hier nicht? Findest du alle 5 Fehler im Bild? Kreise ein.

Wie viele Fehler hast du gefunden? Kreuze an:

Erzähle. Lies. Male richtig an und ergänze. Verbinde.

Fall 9

Löse mit Detektiv Pfiffig den 9. Fall!

Lies. **Kreuze an.**

1. Das Mädchen mit dem Reifen heißt Moni.	◯ ja	◯ nein	◯ vielleicht
2. Sportlehrer Eckstoß sitzt auf der Bank.	◯ ja	◯ nein	◯ vielleicht
3. Vier Kinder springen Seil.	◯ ja	◯ nein	◯ vielleicht
4. Viele Kinder treiben gerne Sport.	◯ ja	◯ nein	◯ vielleicht
5. Detektiv Pfiffig trägt Sportkleidung.	◯ ja	◯ nein	◯ vielleicht

Schreibe.

6. Was macht Detektiv Pfiffig? a) Pfiffig spielt mit Kindern. b) Pfiffig spielt mit Tieren.

___

7. Was hat Ecki Eckstoß um den Hals?
a) Dort hängt eine Hupe. b) Dort hängt eine Pfeife.

___

8. Was liegt unter dem Balken? a) Dort liegen Matten. b) Dort liegen Bänke.

___

Male.

9. Im roten Tor steht ein Torwart.

10. Über dem Tor hängt eine blaue Uhr an der gelben Wand.

11. Alle Reifen sind grün.

12. Im braunen Kasten sitzt ein Kind mit braunen Haaren.

Wie viele Aufgaben hast du gelöst? ______ **von 12 Aufgaben**

Kontrolliere. Verbessere. ✓ ➡ ☐ **Fall gelöst!**

Das kannst du auch noch machen:

1. Spiel: Erkläre „Turnhallen-Wörter“ mit eigenen Worten, mit Gesten oder mit Zeichnungen. Wer errät die Wörter?
2. Schreibe eine Geschichte zu dem Bild. Die Sätze und Wörter auf den beiden Seiten können dir dabei helfen. Lies vor.
3. Male ein eigenes „Turnhallen-Suchbild“ mit neuen Quatsch- und Sachfehlern. Wer findet deine Fehler?

Fall

10 Das Schwimmbad der Neu-Schule

Ein Kind sitzt auf der roten Rutsche. ◯

Vom grünen Sprungbrett springt Ole. ◯

Mit dem bunten Wasserball spielen zwei Mädchen. ◯

David im bunten Gummireifen hält ein rotes Schwimmbrett fest. ◯

Der Junge mit der Taucherbrille und den blauen Flossen geht zur Treppe. ◯

Was stimmt hier nicht? Findest du alle 5 Fehler im Bild? Kreise ein.

Wie viele Fehler hast du gefunden? Kreuze an:

Erzähle. Lies. Male richtig an und ergänze. Verbinde.

Fall 10

Löse mit Detektiv Pfiffig den 10. Fall!

Lies. **Kreuze an.**

1. Das Schwimmbecken ist 10 Meter tief.	◯ ja	◯ nein	◯ vielleicht
2. Schwimmen macht vielen Kindern Spaß.	◯ ja	◯ nein	◯ vielleicht
3. Detektiv Pfiffig trägt Schwimmflügel.	◯ ja	◯ nein	◯ vielleicht
4. Schwimmer tragen Turnschuhe.	◯ ja	◯ nein	◯ vielleicht
5. U-Boote tauchen in Schwimmbädern.	◯ ja	◯ nein	◯ vielleicht
6. In Wasserbällen ist Wasser.	◯ ja	◯ nein	◯ vielleicht
7. Der Junge im Schwimmreif ist im 2. Schuljahr.	◯ ja	◯ nein	◯ vielleicht
8. Neben der Rutsche steht ein Sprungbrett.	◯ ja	◯ nein	◯ vielleicht

Schreibe.

9. Wo ist Pfiffig? a) Pfiffig ist im Becken. b) Pfiffig steht am Beckenrand.

____

10. Was will der Junge mit den Flossen machen?
a) Er will tauchen. b) Er will klettern.

____

Male.

11. Das kleine grüne Boot hat eine rote Fahne.

12. Neben dem Sprungbrett liegen ein roter, ein blauer und ein grüner Tauchring.

Wie viele Aufgaben hast du gelöst? _______ **von 12 Aufgaben**

Kontrolliere. Verbessere. ✓ ➡ ☐ **Fall gelöst!**

Das kannst du auch noch machen:

1. Spiel: Erkläre „Schwimmbad-Wörter“ mit eigenen Worten, mit Gesten oder mit Zeichnungen. Wer errät die Wörter?
2. Schreibe eine Geschichte zu dem Bild. Die Sätze und Wörter auf den beiden Seiten können dir dabei helfen. Lies vor.
2. Male ein eigenes „Schwimmbad-Suchbild“ mit neuen Quatsch- und Sachfehlern. Wer findet deine Fehler?

Fall 11

Der Spielplatz

Auf dem braunen Zaun sitzen zwei Vögel. ◯

Alex schaukelt auf der roten Schaukel hin und her. ◯

Auf dem Dach der bunten Kletterburg steckt eine grüne Fahne. ◯

Daniela und Julia wippen auf der blauen Wippe. ◯

Im gelben Sandkasten liegt brauner Sand. ◯

Was stimmt hier nicht? Findest du alle 5 Fehler im Bild? Kreise ein.

Wie viele Fehler hast du gefunden? Kreuze an:

Erzähle. Lies. Male richtig an und ergänze. Verbinde.

Löse mit Detektiv Pfiffig den 11. Fall!

Lies. **Kreuze an.**

1. Auf Spielplätzen spielen Omas und Opas.	◯ ja	◯ nein	◯ vielleicht
2. Die Kinder auf der Wippe sind Geschwister.	◯ ja	◯ nein	◯ vielleicht
3. Der Junge auf der Schaukel mag Pizza.	◯ ja	◯ nein	◯ vielleicht

Schreibe.

4. Wo ist Pfiffig?
a) Er versteckt sich im Baum. b) Er versteckt sich in der Kletterburg.

---

5. Was ist im Sandkasten?
a) Im Sandkasten ist Sahne. b) Im Sandkasten ist Sand.

---

6. Was ist im Kinderwagen?
a) Im Kinderwagen ist ein Ball. b) Im Kinderwagen ist ein Baby.

---

7. Wie viele Kinder wippen?
a) Es wippen zehn Kinder. b) Es wippen zwei Kinder.

Male.

8. Auf der Brücke der Kletterburg steht ein Junge und winkt.

9. Die Frau mit dem blauen Kinderwagen trägt einen roten Hut.

Wie viele Aufgaben hast du gelöst? ______ **von 9 Aufgaben**

Kontrolliere. Verbessere. ✓ ➡ ☐ **Fall gelöst!**

Das kannst du auch noch machen:
1. Spiel: Erkläre „Spielplatz-Wörter“ mit eigenen Worten, mit Gesten oder mit Zeichnungen. Wer errät die Wörter?
2. Schreibe eine Geschichte zu dem Bild. Die Sätze und Wörter auf den beiden Seiten können dir dabei helfen. Lies vor.
3. Male ein eigenes „Spielplatz-Suchbild“ mit neuen Quatsch- und Sachfehlern. Wer findet deine Fehler?

Fall 12 Die Ritter

Die linke Fahne ist rot und auf ihr ist eine Krone zu sehen. ○

Die rechte Fahne ist gelb und auf ihr ist ein Schwert zu sehen. ○

Die Türme haben rote Dächer. ○

Die Mauer der Burg besteht aus grauen und braunen Steinen. ○

Aus dem blauen Wassergraben ragen viele Pflanzen. ○

Der Ritter auf dem braunen Pferd trägt eine silberne Rüstung. ○

Was stimmt hier nicht? Findest du alle 6 Fehler im Bild? Kreise ein.

Wie viele Fehler hast du gefunden? Kreuze an:

Erzähle. Lies. Male richtig an und ergänze. Verbinde.

Löse mit Detektiv Pfiffig den 12. Fall!

Fall 12

Lies. Kreuze an.

1. Im Wassergraben schwimmen zwölf Fische.	◯ ja	◯ nein	◯ vielleicht
2. In der Burg sind zwei Pferde.	◯ ja	◯ nein	◯ vielleicht
3. Die Ritterburg besteht aus Gummi.	◯ ja	◯ nein	◯ vielleicht
4. Die Zugbrücke ist unten.	◯ ja	◯ nein	◯ vielleicht
5. Neben dem Burgtor brennen Fackeln.	◯ ja	◯ nein	◯ vielleicht

Schreibe.

6. Was weht im Wind?
a) Im Wind wehen zehn Fahnen. b) Im Wind wehen zwei Fahnen.

____

7. Wer reitet vor der Burg? a) Dort reitet ein Ritter. b) Dort reitet ein Indianer.

____

8. Wer steht auf der Burgmauer? a) Dort steht eine Köchin. b) Dort steht ein König.

____

Male.

9. Die Zugbrücke ist schwarz.
10. Das Feuer der braunen Fackeln lodert rot.
11. Am Himmel sind zwei dunkle Wolken.
12. Auf dem rechten Balkon steht die Königin.
13. Auf der Zugbrücke steht ein Ritter.
14. Eine Fledermaus fliegt am Himmel.

Wie viele Aufgaben hast du gelöst? _______ **von 14 Aufgaben**

Kontrolliere. Verbessere. ✓ ➡ ☐ **Fall gelöst!**

Das kannst du auch noch machen:
1. Spiel: Erkläre „Ritter-Wörter" mit eigenen Worten, mit Gesten oder mit Zeichnungen. Wer errät die Wörter?
2. Schreibe eine Geschichte zu dem Bild. Die Sätze und Wörter auf den beiden Seiten können dir dabei helfen. Lies vor.
3. Male ein eigenes „Ritter-Suchbild" mit neuen Quatsch- und Sachfehlern. Wer findet deine Fehler?

Fall 13

Der Strand

Am blauen Himmel fliegen zwei weiße Möwen. ○

Ein bunter Drachen fliegt im Wind. ○

Unter dem grünen Sonnenschirm liegen zwei Kinder. ○

Neben dem braunen Strandkorb liegt ein roter Wasserball. ○

Detektiv Pfiffig hält eine blaue Luftmatratze unter dem Arm. ○

Der Mann im Boot trägt eine Mütze und eine Sonnenbrille. ○

Was stimmt hier nicht? Findest du alle 6 Fehler im Bild? Kreise ein.

Wie viele Fehler hast du gefunden? Kreuze an:

Erzähle. Lies. Male richtig an und ergänze. Verbinde.

Löse mit Detektiv Pfiffig den 13. Fall!

Lies. **Kreuze an.**

1. Am Himmel schweben zwei Wolken.	◯ ja	◯ nein	◯ vielleicht
2. Es regnet am nächsten Tag.	◯ ja	◯ nein	◯ vielleicht
3. Im Strandkorb sitzt ein Eisbär.	◯ ja	◯ nein	◯ vielleicht
4. Ein Kind lässt einen Drachen steigen.	◯ ja	◯ nein	◯ vielleicht
5. Der Drachen hat ein lustiges Gesicht.	◯ ja	◯ nein	◯ vielleicht
6. Pfiffig trägt einen Badeanzug.	◯ ja	◯ nein	◯ vielleicht
7. Die Sonne scheint.	◯ ja	◯ nein	◯ vielleicht
8. Berta Brühe cremt sich mit Olivenöl ein.	◯ ja	◯ nein	◯ vielleicht
9. Im Meer schwimmen viele Fische.	◯ ja	◯ nein	◯ vielleicht
10. Pfiffig macht Urlaub in Spanien.	◯ ja	◯ nein	◯ vielleicht

Schreibe.

11. Was macht Detektiv Pfiffig? a) Pfiffig schwimmt. b) Pfiffig geht ins Wasser.

___

12. Was steckt im Sand?
a) Im Sand stecken Sonnenschirme. b) Dort stecken Blumen.

___

Male.

13. Auf Pfiffigs Luftmatratze sind viele Lupen.

14. Am Strand krabbeln zwei Krebse.

Wie viele Aufgaben hast du gelöst? ______ **von 14 Aufgaben**

Kontrolliere. Verbessere. ✓ ➡ ☐ **Fall gelöst!**

Das kannst du auch noch machen:

1. Spiel: Erkläre „Strand-Wörter" mit eigenen Worten, mit Gesten oder mit Zeichnungen. Wer errät die Wörter?
2. Schreibe eine Geschichte zu dem Bild. Die Sätze und Wörter auf den beiden Seiten können dir dabei helfen. Lies vor.
3. Male ein eigenes „Strand-Suchbild" mit neuen Quatsch- und Sachfehlern. Wer findet deine Fehler?

Fall 14

Die Familie

Das Foto der Familie hat einen roten Bilderrahmen. ○

Der Vater sitzt gegenüber der Mutter mit den langen braunen Haaren. ○

Die Familie sitzt gemeinsam am braunen Tisch. ○

Der Bruder sitzt neben seiner Schwester. ○

Der Opa mit der Glatze hat sein Gebiss vergessen. ○

Die Oma mit dem grünen Kleid hält einen Stock in ihrer Hand. ○

Was stimmt hier nicht? Findest du alle 6 Fehler im Bild? Kreise ein.

Wie viele Fehler hast du gefunden? Kreuze an:

Erzähle. Lies. Male richtig an und ergänze. Verbinde.

Löse mit Detektiv Pfiffig den 14. Fall!

Lies. **Kreuze an.**

1. An der Wand hängt ein Familienfoto.	◯ ja	◯ nein	◯ vielleicht
2. Am Tisch sitzen sechs Kinder.	◯ ja	◯ nein	◯ vielleicht
3. Die Familie hat einen Hamster.	◯ ja	◯ nein	◯ vielleicht
4. Der Opa ist zwanzig Jahre alt.	◯ ja	◯ nein	◯ vielleicht
5. Die Oma ist achtzig Jahre alt.	◯ ja	◯ nein	◯ vielleicht
6. Die Kinder sind Geschwister.	◯ ja	◯ nein	◯ vielleicht

Schreibe.

7. Was macht die Oma? a) Die Oma holt das Gebiss. b) Die Oma küsst den Opa.

____

8. Was liegt auf dem Tisch? a) Dort liegt Spielzeug. b) Dort liegt Besteck.

____

9. Was will die Familie machen? a) Die Familie will lesen. b) Die Familie will essen.

____

10. Wer hat sich lieb? a) Teller hat Tasse lieb. b) Mama hat Papa lieb.

____

Male.

11. In der blauen Obstschale liegen Bananen und Äpfel.
12. Das Telefon ist gelb.

Wie viele Aufgaben hast du gelöst? ______ **von 12 Aufgaben**

Kontrolliere. Verbessere. ✓ ➡ ☐ **Fall gelöst!**

Das kannst du auch noch machen:
1. Spiel: Erkläre „Familien-Wörter" mit eigenen Worten, mit Gesten oder mit Zeichnungen. Wer errät die Wörter?
2. Schreibe eine Geschichte zu dem Bild. Die Sätze und Wörter auf den beiden Seiten können dir dabei helfen. Lies vor.
3. Male ein eigenes „Familien-Suchbild" mit neuen Quatsch- und Sachfehlern. Wer findet deine Fehler?

Fall 15

Der Flughafen

Am blauen Himmel fliegt ein gelber Zeppelin. ○

Aus dem Korb des roten Heißluftballons fliegt ein brauner Sandsack. ○

Das Flugzeug mit den vier runden, blauen Fenstern startet. ○

Der bunte Hubschrauber ist gerade gelandet. ○

Auf dem Anhänger des Gepäckwagens liegen zwei grüne Koffer. ○

Auf dem gelben Turm sind drei rote Antennen. ○

Was stimmt hier nicht? Findest du alle 6 Fehler im Bild? Kreise ein.

Wie viele Fehler hast du gefunden? Kreuze an:

Erzähle. Lies. Male richtig an und ergänze. Verbinde.

Löse mit Detektiv Pfiffig den 15. Fall!

Fall 15

Lies. **Kreuze an.**

1. Die beiden Flugzeuge haben Propeller.	○ ja	○ nein	○ vielleicht
2. In den Koffern ist meist Kleidung.	○ ja	○ nein	○ vielleicht
3. Das kleinere Flugzeug fliegt nach Italien.	○ ja	○ nein	○ vielleicht
4. Der Hubschrauber hat vier Räder.	○ ja	○ nein	○ vielleicht
5. Im Zeppelin sitzen nur Kinder.	○ ja	○ nein	○ vielleicht

Schreibe.

6. Was macht Detektiv Pfiffig? a) Er fliegt mit dem Teppich. b) Er steigt in ein Flugzeug.

____

7. Was haben alle Flugzeuge? a) Sie haben Federn. b) Sie haben Flügel.

____

8. Wer fliegt Flugzeuge? a) Piloten fliegen Flugzeuge. b) Piraten fliegen Flugzeuge.

____

Male.

9. Das größere Flugzeug ist rot.
10. Unter dem Zeppelin fliegen drei schwarze Vögel.
11. Neben dem roten Schulbus steht ein blaues Auto.
12. Der Gepäckwagen ist grün.
13. Die Start- und Landebahn ist grau.
14. Das Flughafenschild ist gelb.

Wie viele Aufgaben hast du gelöst? ______ **von 14 Aufgaben**

Kontrolliere. Verbessere. ✓ ➡ ☐ **Fall gelöst!**

Das kannst du auch noch machen:

1. Spiel: Erkläre „Flughafen-Wörter“ mit eigenen Worten, mit Gesten oder mit Zeichnungen. Wer errät die Wörter?
2. Schreibe eine Geschichte zu dem Bild. Die Sätze und Wörter auf den beiden Seiten können dir dabei helfen. Lies vor.
3. Male ein eigenes „Flughafen-Suchbild“ mit neuen Quatsch- und Sachfehlern. Wer findet deine Fehler?

Fall 16

Die Sehenswürdigkeiten

Hinter dem grauen Eifelturm schweben blaue Wolken. ○

Drei Personen fotografieren die braune Pyramide. ○

Acht Kinder besichtigen das Berliner Olympiastadion. ○

Die grüne Freiheitsstatue steht in New York. ○

Die rote Golden Gate Brücke ist von Nebel eingehüllt. ○

Der schiefe Turm von Pisa wird von zwei Kabeln gehalten. ○

Was stimmt hier nicht? Findest du alle 6 Fehler im Bild? Kreise ein.

Wie viele Fehler hast du gefunden? Kreuze an:

Erzähle. Lies. Male richtig an und ergänze. Verbinde.

Löse mit Detektiv Pfiffig den 16. Fall!

Lies. **Kreuze an.**

1. Pyramiden gibt es in jedem Land.	○ ja	○ nein	○ vielleicht
2. Das Atomium besteht aus neun Kugeln.	○ ja	○ nein	○ vielleicht
3. Der Eifelturm wurde aus Papier gebaut.	○ ja	○ nein	○ vielleicht
4. Die Chinesische Mauer steht in Japan.	○ ja	○ nein	○ vielleicht
5. Die Freiheitsstatue stellt eine Frau dar.	○ ja	○ nein	○ vielleicht
6. Pfiffig besichtigt ein amerikanisches Denkmal.	○ ja	○ nein	○ vielleicht
7. Der Turm von Big Ben hat eine Uhr.	○ ja	○ nein	○ vielleicht
8. Die Golden Gate Brücke führt über Wasser.	○ ja	○ nein	○ vielleicht
9. Der Schulbus steht neben dem Eifelturm.	○ ja	○ nein	○ vielleicht
10. Das Olympiastadion steht auf dem Mond.	○ ja	○ nein	○ vielleicht

Schreibe.

11. Was ist das Atomium? a) Es ist eine Kletterburg. b) Es ist ein Wahrzeichen.

____

12. Wo steht die Pyramide? a) Sie steht im Schnee. b) Sie steht in der Wüste.

____

Male.

13. Der Uhrturm von Big Ben ist braun.

14. Auf dem Turm von Pisa weht eine rote Fahne.

Wie viele Aufgaben hast du gelöst? ______ **von 14 Aufgaben**

Kontrolliere. Verbessere. ✓ ➡ ☐ **Fall gelöst!**

Das kannst du auch noch machen:

1. Spiel: Erkläre „Sehenswürdigkeiten-Wörter" mit eigenen Worten, mit Gesten oder mit Zeichnungen. Wer errät die Wörter?
2. Schreibe eine Geschichte zu dem Bild. Die Sätze und Wörter auf den beiden Seiten können dir dabei helfen. Lies vor.
3. Male ein eigenes „Sehenswürdigkeiten-Suchbild" mit neuen Quatsch- und Sachfehlern. Wer findet deine Fehler?

Fall 17 Die Baustelle

Der blaue Kran steht neben einem grünen Haus. ◯

Vor dem rechten Haus steht ein Bauarbeiter. ◯

Die Mauer hinter dem braunen Erdloch hat 15 rote Steine. ◯

Aus dem grauen Sack mit dem Zement ragt der Stiel einer Schaufel heraus. ◯

Hinter dem gelben Werkzeugkasten liegen ein Hammer und eine Zange. ◯

In der grauen Schubkarre liegt gelber Sand. ◯

Was stimmt hier nicht? Findest du alle 6 Fehler im Bild? Kreise ein.

Wie viele Fehler hast du gefunden? Kreuze an:

Erzähle. Lies. Male richtig an und ergänze. Verbinde.

Löse mit Detektiv Pfiffig den 17. Fall!

Fall 17

Lies. **Kreuze an.**

1. Hund Fiffi sitzt oben im Kran.	◯ ja	◯ nein	◯ vielleicht
2. Die zwei Häuser haben je einen Schornstein.	◯ ja	◯ nein	◯ vielleicht
3. Mauern bestehen meist aus Steinen.	◯ ja	◯ nein	◯ vielleicht
4. Detektiv Pfiffig trägt einen Schutzhelm.	◯ ja	◯ nein	◯ vielleicht
5. Der Maurer heißt Herr Müller.	◯ ja	◯ nein	◯ vielleicht
6. Auf der Baustelle steht ein Panzer.	◯ ja	◯ nein	◯ vielleicht

Schreibe.

7. Was wird gebaut? a) Es werden Autos gebaut. b) Es werden Häuser gebaut.

8. Was steht neben dem Sandhügel?
a) Dort steht eine Schubkarre. b) Dort stehen Stühle.

9. Wer baut Häuser? a) Fußballer bauen Häuser. b) Bauarbeiter bauen Häuser.

10. Was fährt vor dem Erdloch?
a) Dort fährt ein Kran. b) Dort fährt ein Bagger.

Male.

11. Alle Schutzhelme sind gelb.

12. Neben dem Erdloch steht eine rote Betonmischmaschine.

Wie viele Aufgaben hast du gelöst? ______ **von 12 Aufgaben**

Kontrolliere. Verbessere. ✓ ➡ ☐ **Fall gelöst!**

Das kannst du auch noch machen:
1. Spiel: Erkläre „Baustellen-Wörter“ mit eigenen Worten, mit Gesten oder mit Zeichnungen. Wer errät die Wörter?
2. Schreibe eine Geschichte zu dem Bild. Die Sätze und Wörter auf den beiden Seiten können dir dabei helfen. Lies vor.
3. Male ein eigenes „Baustellen-Suchbild“ mit neuen Quatsch- und Sachfehlern. Wer findet deine Fehler?

Fall 18

Der Hafen

Der Leuchtturm ist rot-weiß gestreift. ◯

Auf dem Containerschiff sind sechs bunte Container. ◯

Das rote Schiff mit den drei Kaminen hat einen schwarzen Anker. ◯

Aus dem grünen U-Boot schaut der Kapitän. ◯

Neben der roten Boje ragt eine Flosse aus dem Wasser. ◯

Detektiv Pfiffig paddelt in einem gelben Ruderboot. ◯

Was stimmt hier nicht? Findest du alle 6 Fehler im Bild? Kreise ein.

Wie viele Fehler hast du gefunden? Kreuze an:

Erzähle. Lies. Male richtig an und ergänze. Verbinde.

Fall
18

Löse mit Detektiv Pfiffig den 18. Fall!

Lies. **Kreuze an.**

1. Leuchttürme leuchten nachts.	◯ ja	◯ nein	◯ vielleicht
2. U-Boote können unter Wasser tauchen.	◯ ja	◯ nein	◯ vielleicht
3. Auf dem Containerschiff arbeiten nur Frauen.	◯ ja	◯ nein	◯ vielleicht
4. Ruderboote sind schneller als Motorboote.	◯ ja	◯ nein	◯ vielleicht
5. Die meisten Schiffe haben einen Anker.	◯ ja	◯ nein	◯ vielleicht

Schreibe.

6. Was macht Detektiv Pfiffig? a) Detektiv Pfiffig rutscht. b) Detektiv Pfiffig rudert.

___

7. Wie nennt man den Schiffsführer?
a) Man nennt ihn Matrose. b) Man nennt ihn Kapitän.

___

8. Was macht der Kran?
a) Der Kran versenkt ein Schiff. b) Der Kran entlädt ein Schiff.

___

Male.

9. Das braune Neu-Schul-Schiff hat ein gelbes Segel.
10. Der Kran ist schwarz.
11. Die Hafenmauer ist grün und schwarz.
12. Auf der Hafenmauer stehen vier Kinder.
13. Ecki Eckstoß auf dem blauen Dampfschiff ist seekrank.
14. Das Wasser ist blaugrün.

Wie viele Aufgaben hast du gelöst? ______ **von 14 Aufgaben**

Kontrolliere. Verbessere. ✓ ➡ ☐ **Fall gelöst!**

Das kannst du auch noch machen:
1. Spiel: Erkläre „Hafen-Wörter" mit eigenen Worten, mit Gesten oder mit Zeichnungen. Wer errät die Wörter?
2. Schreibe eine Geschichte zu dem Bild. Die Sätze und Wörter auf den beiden Seiten können dir dabei helfen. Lies vor.
3. Male ein eigenes „Hafen-Suchbild" mit neuen Quatsch- und Sachfehlern. Wer findet deine Fehler?

Fall
19

Das Weltall

Eine rote Rakete fliegt ins dunkle Weltall. ○

Das Wasser des Planeten Erde ist blau und das Land grün und braun. ○

Der gelbe Halbmond hat viele Krater. ○

Im blauen Ufo sitzt ein grünes Männchen. ○

Der riesige Stern Sonne leuchtet gelb, orange und rot. ○

Das silberne Raumschiff von Detektiv Pfiffig hat zwei rote Antennen. ○

Was stimmt hier nicht? Findest du alle 6 Fehler im Bild? **Kreise ein.**

Wie viele Fehler hast du gefunden? **Kreuze an:**

Erzähle. **Lies.** **Male richtig an und ergänze.** **Verbinde.**

Fall 19

Löse mit Detektiv Pfiffig den 19. Fall!

Lies. **Kreuze an.**

1. Auf dem Planeten Erde leben Menschen.	◯ ja	◯ nein	◯ vielleicht
2. Auf dem Mond leben Tiere.	◯ ja	◯ nein	◯ vielleicht
3. Der Stern Sonne ist viel größer als die Erde.	◯ ja	◯ nein	◯ vielleicht
4. Raumschiffe können ins Weltall fliegen.	◯ ja	◯ nein	◯ vielleicht
5. Im Weltall kann man atmen.	◯ ja	◯ nein	◯ vielleicht
6. Die Rakete will zu einem Planeten fliegen.	◯ ja	◯ nein	◯ vielleicht
7. Detektiv Pfiffig sitzt in einem Auto.	◯ ja	◯ nein	◯ vielleicht
8. Die Sonne ist sehr kalt.	◯ ja	◯ nein	◯ vielleicht
9. Es gibt Marsmännchen.	◯ ja	◯ nein	◯ vielleicht
10. Es gibt Lebewesen im Weltall.	◯ ja	◯ nein	◯ vielleicht

Schreibe.

11. Womit fliegt man ins Weltall?
a) Man fliegt mit Flugzeugen ins Weltall. b) Man fliegt mit Raumschiffen ins Weltall.

___

12. Was leuchtet am Nachthimmel?
a) Es leuchten die Sterne. b) Es leuchten Lampen.

___

Male.

13. Der gelbe Knochen ist auf einer grünen Flagge.

14. Alle Sterne funkeln gelb.

Wie viele Aufgaben hast du gelöst? ______ **von 14 Aufgaben**

Kontrolliere. Verbessere. ✓ ➡ ☐ **Fall gelöst!**

Das kannst du auch noch machen:

1. Spiel: Erkläre „Weltall-Wörter“ mit eigenen Worten, mit Gesten oder mit Zeichnungen. Wer errät die Wörter?
2. Schreibe eine Geschichte zu dem Bild. Die Sätze und Wörter auf den beiden Seiten können dir dabei helfen. Lies vor.
3. Male ein eigenes „Weltall-Suchbild“ mit neuen Quatsch- und Sachfehlern. Wer findet deine Fehler?

Fall
20

Die Feuerwehr und Polizei

An dem Feuer stehen zwei Kinder und grillen Würste. ◯

Das rot-weiße Feuerwehrauto hat zwei Blaulichter auf dem Dach. ◯

Aus dem roten Hydranten tropft Wasser. ◯

Der Polizist hält Handschellen in seiner rechten Hand. ◯

Ein Polizeiwagen verfolgt den Bankräuber. ◯

Neben der Bank liegt ein gelber, offener Tresor. ◯

Was stimmt hier nicht? Findest du alle 6 Fehler im Bild? Kreise ein.

Wie viele Fehler hast du gefunden? Kreuze an:

Erzähle. Lies. Male richtig an und ergänze. Verbinde.

Löse mit Detektiv Pfiffig den 20. Fall!

Lies. **Kreuze an.**

1. Die Notrufnummer der Feuerwehr lautet 112.	◯ ja	◯ nein	◯ vielleicht
2. Die Notrufnummer der Polizei lautet 110.	◯ ja	◯ nein	◯ vielleicht
3. Detektiv Pfiffig sitzt im Polizeiauto.	◯ ja	◯ nein	◯ vielleicht
4. Hund Fiffi sitzt im Feuerwehrwagen.	◯ ja	◯ nein	◯ vielleicht
5. Auf dem Baum sitzt eine Katze.	◯ ja	◯ nein	◯ vielleicht
6. Die Polizisten jagen den Bankräuber.	◯ ja	◯ nein	◯ vielleicht

Schreibe.

7. Was machen die Feuerwehrmänner?
a) Sie löschen ihren Durst. b) Sie löschen Feuer.

____

8. Was kommt aus einem Hydranten?
a) Daraus fließt Limo. b) Daraus fließt Wasser.

____

9. Wo war der Dieb?
a) Der Dieb saß auf der Bank. b) Der Dieb war in der Bank.

____

10. Was hat der Räuber gestohlen?
a) Er hat Geld gestohlen. b) Er hat Bonbons gestohlen.

____

Male.

11. Aus dem braunen Geldsack fallen grüne Geldscheine.
12. Die Bank ist blau.

Wie viele Aufgaben hast du gelöst? _____ **von 12 Aufgaben**

Kontrolliere. Verbessere. ✓ ➡ ☐ **Fall gelöst!**

Das kannst du auch noch machen:
1. Spiel: Erkläre „Feuerwehr- und Polizei-Wörter" mit eigenen Worten, mit Gesten oder mit Zeichnungen. Wer errät die Wörter?
2. Schreibe eine Geschichte zu dem Bild. Die Sätze und Wörter auf den beiden Seiten können dir dabei helfen. Lies vor.
3. Male ein eigenes „Feuerwehr- und Polizei-Suchbild" mit neuen Quatsch- und Sachfehlern. Wer findet deine Fehler?

Fall 21

Der Supermarkt

Im blauen Kühlregal stehen acht grüne Joghurtbecher. ○

Am roten Wegweiser fehlen die Schilder „Eier“ und „Kasse“. ○

Der graue Einkaufswagen hat rote Räder. ○

Oben im gelben Brotregal liegen vier braune Brezeln. ○

An der Kasse bezahlt ein Junge seinen Einkauf. ○

Im grünen Obstregal liegen sieben gelbe Bananen. ○

Was stimmt hier nicht? Findest du alle 6 Fehler im Bild? Kreise ein.

Wie viele Fehler hast du gefunden? Kreuze an:

Erzähle. Lies. Male richtig an und ergänze. Verbinde.

Löse mit Detektiv Pfiffig den 21. Fall!

Lies. **Kreuze an.**

1. Detektiv Pfiffig kauft einen neuen Hut.	○ ja	○ nein	○ vielleicht
2. Zwei Kinder wollen Obst kaufen.	○ ja	○ nein	○ vielleicht
3. Im Kühlregal stehen Milchtüten.	○ ja	○ nein	○ vielleicht
4. Zehn Eier kosten 2 Euro.	○ ja	○ nein	○ vielleicht
5. An der Kasse steht eine lange Schlange.	○ ja	○ nein	○ vielleicht

Schreibe.

6. Was legt man in den Einkaufswagen?
a) Man legt Lebensmittel hinein. b) Man legt Müll hinein.

___

7. Wo stehen Milch und Quark?
a) Sie stehen im Brotofen. b) Sie stehen im Kühlregal.

___

8. Was bekommt man an der Kasse?
a) Man bekommt einen Kassenbeleg. b) Man bekommt einen Einkaufszettel.

___

Male.

9. Die Eier sind braun.
10. Vor der roten Kasse ist ein schwarzes Fließband.
11. Neben dem Kühlregal steht ein drittes Kind.
12. Die sechs Äpfel im Obstregal sind rot.
13. Die vier Milchtüten im Kühlregal sind grün.
14. Im Tierfutterregal stehen grüne und blaue Dosen.

Wie viele Aufgaben hast du gelöst? ______ **von 14 Aufgaben**

Kontrolliere. Verbessere. ✓ ➡ ☐ **Fall gelöst!**

Das kannst du auch noch machen:
1. Spiel: Erkläre „Supermarkt-Wörter" mit eigenen Worten, mit Gesten oder mit Zeichnungen. Wer errät die Wörter?
2. Schreibe eine Geschichte zu dem Bild. Die Sätze und Wörter auf den beiden Seiten können dir dabei helfen. Lies vor.
3. Male ein eigenes „Supermarkt-Suchbild" mit neuen Quatsch- und Sachfehlern. Wer findet deine Fehler?

Fall 22

Der Pferdehof

Im Pferdestall steht ein schwarzes Pferd. ○

Das Kind füttert das gefleckte Pony mit Zuckerwürfeln. ○

Auf dem krabbelnden Mädchen reitet ein Junge. ○

Das Wasser im Graben hinter den rot-weißen Hindernissen ist blau. ○

Auf dem Rücken des vorderen linken Pferdes liegt ein brauner Sattel. ○

Auf dem Rasen liegen drei braune, dampfende Pferdeäpfel. ○

Was stimmt hier nicht? Findest du alle 6 Fehler im Bild? Kreise ein.

Wie viele Fehler hast du gefunden? Kreuze an:

Erzähle. Lies. Male richtig an und ergänze. Verbinde.

Löse mit Detektiv Pfiffig den 22. Fall!

Fall 22

Lies. **Kreuze an.**

1. Im Stall stehen Giraffen.	◯ ja	◯ nein	◯ vielleicht
2. Pferde rennen schneller als Menschen.	◯ ja	◯ nein	◯ vielleicht
3. Pfiffig und Fiffi reiten auf einem Esel.	◯ ja	◯ nein	◯ vielleicht
4. Pfiffig ist ein guter Reiter.	◯ ja	◯ nein	◯ vielleicht
5. Pferde haben oft Hufeisen unter ihren Füßen.	◯ ja	◯ nein	◯ vielleicht
6. Pferde haben vier Beine.	◯ ja	◯ nein	◯ vielleicht
7. Mit Zügeln kann der Reiter Pferde „lenken“.	◯ ja	◯ nein	◯ vielleicht
8. Pferde trinken Bier.	◯ ja	◯ nein	◯ vielleicht
9. Auf dem Pferdehof leben 30 Pferde.	◯ ja	◯ nein	◯ vielleicht
10. Schaukelpferde fressen gerne Gras.	◯ ja	◯ nein	◯ vielleicht

Schreibe.

11. Was machen Pferde? a) Pferde jaulen. b) Pferde wiehern.

____

12. Wie heißen weibliche Pferde?
a) Sie heißen Stuten. b) Sie heißen Hengste.

____

Male.

13. Das Dach des braunen Stalls ist rot.

14. Das Pferd vor den Hindernissen hat eine braune Mähne und einen braunen Schweif.

Wie viele Aufgaben hast du gelöst? ______ **von 14 Aufgaben**

Kontrolliere. Verbessere. ✓ ➡ ☐ **Fall gelöst!**

Das kannst du auch noch machen:
1. Spiel: Erkläre „Pferdehof-Wörter“ mit eigenen Worten, mit Gesten oder mit Zeichnungen. Wer errät die Wörter?
2. Schreibe eine Geschichte zu dem Bild. Die Sätze und Wörter auf den beiden Seiten können dir dabei helfen. Lies vor.
3. Male ein eigenes „Pferdehof-Suchbild“ mit neuen Quatsch- und Sachfehlern. Wer findet deine Fehler?

Fall 23 Der Jahrmarkt

Zwei rote Autoscooter mit blauen Fahnen prallen aufeinander. ◯

Vor der bunten Losbude liegen viele zerrissene grüne Lose. ◯

Vor der gelben Kasse der Geisterbahn stehen zwei Kinder. ◯

Die vier grünen Wagen der Geisterbahn fahren auf roten Schienen. ◯

Auf den braunen Schienen der Achterbahn fahren sechs blaue Wagen. ◯

Das Riesenrad hat gelbe, rote und blaue Wagen. ◯

Die Bälle im Stand von Detektiv Pfiffig sind gelb und die Dosen grau. ◯

Was stimmt hier nicht? Findest du alle 7 Fehler im Bild? Kreise ein.

Wie viele Fehler hast du gefunden? Kreuze an:

Erzähle. Lies. Male richtig an und ergänze. Verbinde.

Fall 23

Löse mit Detektiv Pfiffig den 23. Fall!

Lies. Kreuze an.

1. Detektiv Pfiffig steht in der Losbude.	◯ ja	◯ nein	◯ vielleicht
2. Hund Fiffi sitzt im Riesenrad.	◯ ja	◯ nein	◯ vielleicht
3. In der Geisterbahn gibt es echte Geister.	◯ ja	◯ nein	◯ vielleicht
4. Eine Fahrt in der Achterbahn kostet 3 Euro.	◯ ja	◯ nein	◯ vielleicht
5. Das Riesenrad dreht sich langsam.	◯ ja	◯ nein	◯ vielleicht
6. Ein Karussell dreht sich im Kreis.	◯ ja	◯ nein	◯ vielleicht
7. Ein Los kostet 50 Cent.	◯ ja	◯ nein	◯ vielleicht
8. In einer Stunde schließt der Jahrmarkt.	◯ ja	◯ nein	◯ vielleicht

Schreibe.

9. Wie schmeckt Zuckerwatte? a) Sie schmeckt salzig. b) Sie schmeckt süß.

____

10. Worauf fährt die Geisterbahn?
a) Sie fährt auf Straßen. b) Sie fährt auf Schienen.

____

11. Was steht vor dem Autoscooter?
a) Dort steht ein Kassenhäuschen. b) Dort steht ein Karussell.

____

12. Was verfolgt der Junge?
a) Er verfolgt seinen Luftballon. b) Er verfolgt sein Flugzeug.

____

Male.

13. Das Geisterbahn-Schild ist rot und schwarz.

14. Vor der Geisterbahn stehen zwei Gespenster.

Wie viele Aufgaben hast du gelöst? ______ **von 14 Aufgaben**

Kontrolliere. Verbessere. ✓ ➡ ☐ **Fall gelöst!**

Das kannst du auch noch machen:

1. Spiel: Erkläre „Jahrmarkt-Wörter“ mit eigenen Worten, mit Gesten oder mit Zeichnungen. Wer errät die Wörter?
2. Schreibe eine Geschichte zu dem Bild. Die Sätze und Wörter auf den beiden Seiten können dir dabei helfen. Lies vor.
3. Male ein eigenes „Jahrmarkt-Suchbild“ mit neuen Quatsch- und Sachfehlern. Wer findet deine Fehler?

Fall
24 Die Piraten

Am schwarzen Mast weht ein gelbes Segel. ○

Das Piratenschiff El Lupe ist dunkelbraun. ○

Die Flagge der Piraten ist grau. ○

Der Pirat mit dem blauen Kopftuch schaut auf die gelbe Schatzkarte. ○

Aus dem blauen Wasser ragen drei graue Haiflossen heraus. ○

Der Pirat mit dem roten Kopftuch schaut durch das blaue Fernrohr. ○

Auf der Insel sind zwei braune Felsen und eine Palme. ○

Was stimmt hier nicht? Findest du alle 7 Fehler im Bild? Kreise ein.

Wie viele Fehler hast du gefunden? Kreuze an:

Erzähle. Lies. Male richtig an und ergänze. Verbinde.

Löse mit Detektiv Pfiffig den 24. Fall!

Fall 24

Lies. **Kreuze an.**

1. Es ist schönes Wetter.	◯ ja	◯ nein	◯ vielleicht
2. Das Piratenschiff besteht aus Holz.	◯ ja	◯ nein	◯ vielleicht
3. Das Piratenschiff heißt El Lunte.	◯ ja	◯ nein	◯ vielleicht
4. Auf dem Schiff sind zwölf Kanonen.	◯ ja	◯ nein	◯ vielleicht
5. Die Schatzkarte ist 100 Jahre alt.	◯ ja	◯ nein	◯ vielleicht
6. Mit Fernrohren kann man schießen.	◯ ja	◯ nein	◯ vielleicht
7. Die Piraten möchten zur Schatzinsel segeln.	◯ ja	◯ nein	◯ vielleicht

Schreibe.

8. Wer steht im Ausguck? a) Im Ausguck steht ein Pirat. b) Im Ausguck steht ein Pilot.

____

9. Was tragen Piraten auf dem Kopf?
a) Sie tragen Mützen. b) Sie tragen Kopftücher.

____

10. Was hängt am vorderen Mast?
a) Dort hängen ein Segel und eine Flagge. b) Dort hängen ein Flegel und ein Sack.

____

Male.

11. Am blauen Himmel sind die gelbe Sonne und weiße Wolken.
12. Der Ausguck ist braun.
13. Der Papagei hat bunte Federn.
14. Im Meer rudert ein Pirat im kleinen braunen Boot.
15. An der grünen Palme hängen zwei braune Kokosnüsse.
16. Das Meer ist blau.

Wie viele Aufgaben hast du gelöst? ______ **von 16 Aufgaben**

Kontrolliere. Verbessere. ✓ ➡ ☐ **Fall gelöst!**

Das kannst du auch noch machen:
1. Spiel: Erkläre „Piraten-Wörter" mit eigenen Worten, mit Gesten oder mit Zeichnungen. Wer errät die Wörter?
2. Schreibe eine Geschichte zu dem Bild. Die Sätze und Wörter auf den beiden Seiten können dir dabei helfen. Lies vor.
3. Male ein eigenes „Piraten-Suchbild" mit neuen Quatsch- und Sachfehlern. Wer findet deine Fehler?

Fall

25

Der Bauernhof

An dem Kirschbaum hängen acht rote Kirschen.

Der Eimer neben dem braunen Stall ist blau.

Der Bauer mit der gelben Schürze und den roten Stiefeln streut grünes Futter.

Die zwei Hühner haben gelbe Schnäbel und braune Federn.

Vor dem roten Traktor liegen drei braune Strohballen.

Drei rosa Schweine stehen vor der blauen Wassertränke.

In der grünen Schubkarre mit dem roten Reifen ist braunes Futter.

Was stimmt hier nicht? Findest du alle 7 Fehler im Bild? **Kreise ein.**

Wie viele Fehler hast du gefunden? **Kreuze an:**

Erzähle. **Lies.** **Male richtig an und ergänze.** **Verbinde.**

Löse mit Detektiv Pfiffig den 25. Fall!

Lies. **Kreuze an.**

1. Auf dem Bauernhof stehen vier Bäume.	◯ ja	◯ nein	◯ vielleicht
2. Aus den Eutern von Kühen kommt Joghurt.	◯ ja	◯ nein	◯ vielleicht
3. Ein Huhn legt täglich ein Ei.	◯ ja	◯ nein	◯ vielleicht
4. Auf dem Stall liegt eine Katze.	◯ ja	◯ nein	◯ vielleicht
5. Mit dem Traktor fährt der Bauer Rennen.	◯ ja	◯ nein	◯ vielleicht
6. Der Bauer wohnt in der Scheune.	◯ ja	◯ nein	◯ vielleicht
7. Der Bauer hat eine Frau.	◯ ja	◯ nein	◯ vielleicht
8. Der Bauer trägt Stiefel.	◯ ja	◯ nein	◯ vielleicht
9. Schweine grunzen und quieken.	◯ ja	◯ nein	◯ vielleicht
10. Hühner gackern.	◯ ja	◯ nein	◯ vielleicht
11. Der Bauer besitzt zwei Maisfelder.	◯ ja	◯ nein	◯ vielleicht
12. Die Schubkarre hat zwei Räder.	◯ ja	◯ nein	◯ vielleicht

Schreibe.

13. Was macht Detektiv Pfiffig? a) Pfiffig pflückt Birnen. b) Pfiffig pflückt Blumen.

____

14. Was macht der Bauer? a) Er füttert die Tiere. b) Er futtert die Tiere.

____

Male.

15. Die braune Kuh mit den Flecken frisst Gras.
16. Auf dem Stall sitzt ein schwarzer Rabe.
17. Vor dem Stall ist eine Wasserpfütze.
18. Auf dem Feld hinten links steht eine Vogelscheuche.

Wie viele Aufgaben hast du gelöst? ______ **von 18 Aufgaben**

Kontrolliere. Verbessere. ✓ ➡ ☐ **Fall gelöst!**

Das kannst du auch noch machen:

1. Spiel: Erkläre „Bauernhof-Wörter" mit eigenen Worten, mit Gesten oder mit Zeichnungen. Wer errät die Wörter?
2. Schreibe eine Geschichte zu dem Bild. Die Sätze und Wörter auf den beiden Seiten können dir dabei helfen. Lies vor.
3. Male ein eigenes „Bauernhof-Suchbild" mit neuen Quatsch- und Sachfehlern. Wer findet deine Fehler?

Fall 26

Der Zoo

Auf dem braunen Ast sitzen drei bunte Papageien und krächzen. ○

Neben den Papageien turnt ein schwarzer Affe mit braunem Gesicht. ○

Fünf Zoobesucher stehen hinter dem blauen Zaun und lächeln. ○

Das graue Nashorn trinkt Wasser aus einem gelben Trog. ○

Im roten Käfig brüllt der Löwe und zeigt dabei seine langen, spitzen Zähne. ○

Der graue Elefant spritzt Wasser aus seinem langen Rüssel. ○

Die gelbe Giraffe mit den braunen Flecken frisst grünes Gras. ○

Was stimmt hier nicht? Findest du alle 7 Fehler im Bild? Kreise ein.

Wie viele Fehler hast du gefunden? Kreuze an:

Erzähle. Lies. Male richtig an und ergänze. Verbinde.

Löse mit Detektiv Pfiffig den 26. Fall!

Fall 26

Lies. Kreuze an.

1. Im Zoo leben viele Tiere.	◯ ja	◯ nein	◯ vielleicht
2. Nashörner bohren oft in der Nase.	◯ ja	◯ nein	◯ vielleicht
3. Am Baum hängen zwei Affen.	◯ ja	◯ nein	◯ vielleicht
4. Auf dem Baum hocken Papageien.	◯ ja	◯ nein	◯ vielleicht
5. Elefanten bellen laut.	◯ ja	◯ nein	◯ vielleicht
6. Die Giraffe ist genau drei Meter hoch.	◯ ja	◯ nein	◯ vielleicht
7. Der Löwe frisst Fleisch.	◯ ja	◯ nein	◯ vielleicht
8. Das Kamel kann Wasser speichern.	◯ ja	◯ nein	◯ vielleicht

Schreibe.

9. Wo steht Detektiv Pfiffig?
a) Pfiffig steht hinter dem Zaun. b) Pfiffig steht im Gehege.

____

10. Wo ist der Löwe? a) Der Löwe ist auf dem Baum. b) Der Löwe ist im Käfig.

____

11. Was isst der Affe? a) Der Affe isst Papageien. b) Der Affe isst eine Banane.

____

12. Was machen Schafe?
a) Sie krächzen und plappern. b) Sie blöken und meckern.

____

Male.

13. Ein Besucher füttert das braune Kamel.

14. Die Mauer um das Kamelgehege besteht aus roten und braunen Steinen.

Wie viele Aufgaben hast du gelöst? ______ **von 14 Aufgaben**

Kontrolliere. Verbessere. ✓ ➡ ☐ **Fall gelöst!**

Das kannst du auch noch machen:

1. Spiel: Erkläre „Zoo-Wörter" mit eigenen Worten, mit Gesten oder mit Zeichnungen. Wer errät die Wörter?
2. Schreibe eine Geschichte zu dem Bild. Die Sätze und Wörter auf den beiden Seiten können dir dabei helfen. Lies vor.
3. Male ein eigenes „Zoo-Suchbild" mit neuen Quatsch- und Sachfehlern. Wer findet deine Fehler?

Fall
27 Der Zirkus

Der Zirkusdirektor mit dem schwarzen Zylinder steht vor dem roten Vorhang.

Der Einradfahrer fährt auf dem grünen Manegenrand.

Die beiden Podeste sind rot-blau gestreift.

Der braun gestreifte Tiger hält eine Peitsche und einen brennenden Reifen.

Der Clown mit der bunten Kleidung hat eine blaue Nase.

Die Ballerina auf dem Hochseil hält einen roten Schirm.

Der Fakir liegt auf dem roten Brett mit grauen Nägeln.

Was stimmt hier nicht? Findest du alle 7 Fehler im Bild?  **Kreise ein.**

Wie viele Fehler hast du gefunden?  **Kreuze an:**

 **Erzähle.**  **Lies.**  **Male richtig an und ergänze.**  **Verbinde.**

Löse mit Detektiv Pfiffig den 27. Fall!

Fall 27

Lies. **Kreuze an.**

1. Der Zirkusdirektor kann zaubern.	○ ja	○ nein	○ vielleicht
2. Der Clown kann Saxofon spielen.	○ ja	○ nein	○ vielleicht
3. Auf dem Nagelbrett liegt der Fakir.	○ ja	○ nein	○ vielleicht
4. Der Feuerspucker spuckt Wasser.	○ ja	○ nein	○ vielleicht
5. Der Jongleur ist 200 Jahre alt.	○ ja	○ nein	○ vielleicht
6. Auf dem Einrad fährt Rudi Reifen.	○ ja	○ nein	○ vielleicht
7. In Pfiffigs Mantel ist eine Clownsnase.	○ ja	○ nein	○ vielleicht

Schreibe.

8. Was macht Detektiv Pfiffig?
a) Pfiffig turnt am Trapez. b) Pfiffig springt durch den Reifen.

____

9. Welcher Artist ist oft lustig?
a) Der Dompteur ist oft lustig. b) Der Clown ist oft lustig.

____

10. Was macht Fiffi? a) Fiffi spuckt Feuer. b) Fiffi fährt Einrad.

____

Male.

11. Das Feuer ist rot und gelb.
12. Viele Zuschauer applaudieren und jubeln.
13. Das grüne Krokodil hängt am braunen Trapez.
14. Der Boden der Manege ist gelb.
15. Der Clown hält eine Blume in seiner linken Hand.
16. Der brennende Reifen ist blau.

Wie viele Aufgaben hast du gelöst? ______ **von 16 Aufgaben**

Kontrolliere. Verbessere. ✓ ➡ ☐ **Fall gelöst!**

Das kannst du auch noch machen:
1. Spiel: Erkläre „Zirkus-Wörter" mit eigenen Worten, mit Gesten oder mit Zeichnungen. Wer errät die Wörter?
2. Schreibe eine Geschichte zu dem Bild. Die Sätze und Wörter auf den beiden Seiten können dir dabei helfen. Lies vor.
3. Male ein eigenes „Zirkus-Suchbild" mit neuen Quatsch- und Sachfehlern. Wer findet deine Fehler?

Fall 28 Die Indianer

Im blauen Fluss schwimmen zwei braune Kanus.

Am Fluss stehen vier bunte Tipi-Zelte.

Um das Lagerfeuer herum sitzen zwei Indianer, ein Cowboy und Karl Komma.

Zwei Büffel flüchten vor den Indianern.

Ein Indianer zielt mit Pfeil und braunem Bogen.

Drei Indianerkinder zeigen Pfiffig ihre drei Speere.

Die Frau malt blaue und rote Streifen in das Gesicht des Häuptlings.

Was stimmt hier nicht? Findest du alle 7 Fehler im Bild? Kreise ein.

Wie viele Fehler hast du gefunden? Kreuze an:

Erzähle. Lies. Male richtig an und ergänze. Verbinde.

Löse mit Detektiv Pfiffig den 28. Fall!

Lies. **Kreuze an.**

1. An Detektiv Pfiffigs Hut stecken drei Federn.	○ ja	○ nein	○ vielleicht
2. Hund Fiffi sitzt im Kanu.	○ ja	○ nein	○ vielleicht
3. Die Büffel jagen die Indianer.	○ ja	○ nein	○ vielleicht
4. Die Indianer leben in Tipi-Zelten.	○ ja	○ nein	○ vielleicht
5. Drei Indianer schießen mit Pfeil und Bogen.	○ ja	○ nein	○ vielleicht
6. Indianer bemalen sich manchmal.	○ ja	○ nein	○ vielleicht
7. Indianer tragen Federn als Kopfschmuck.	○ ja	○ nein	○ vielleicht
8. Der Indianerhäuptling heißt Flinker Falke.	○ ja	○ nein	○ vielleicht
9. Pfeile können einen Büffel töten.	○ ja	○ nein	○ vielleicht
10. Die Indianerkinder sind acht Jahre alt.	○ ja	○ nein	○ vielleicht
11. Die Indianer in den Kanus wollen fischen.	○ ja	○ nein	○ vielleicht
12. Zu diesem Stamm gehören fünf Indianer.	○ ja	○ nein	○ vielleicht

Schreibe.

13. Was machen die Büffel?
a) Die Büffel flüchten vor den Indianern. b) Die Büffel schlafen.

____

14. Was steht am Fluss?
a) Am Fluss stehen Tipi-Zelte. b) Am Fluss stehen Hochhäuser.

____

Male.

15. Im Hintergrund geht die Sonne rot unter.
16. Die Büffel haben braunes Fell.
17. Detektiv Pfiffig hält einen schwarzen Speer.
18. Das Pferd ist braun.

Wie viele Aufgaben hast du gelöst? ______ **von 18 Aufgaben**

Kontrolliere. Verbessere. ✓ ➡ ☐ **Fall gelöst!**

Das kannst du auch noch machen:
1. Spiel: Erkläre „Indianer-Wörter" mit eigenen Worten, mit Gesten oder mit Zeichnungen. Wer errät die Wörter?
2. Schreibe eine Geschichte zu dem Bild. Die Sätze und Wörter auf den beiden Seiten können dir dabei helfen. Lies vor.
3. Male ein eigenes „Indianer-Suchbild" mit neuen Quatsch- und Sachfehlern. Wer findet deine Fehler?

Fall
29

Der Bahnhof

Durch den Ausgang läuft eine Frau mit rotem Koffer aus der Bahnhofshalle. ○

Neben dem blauen Fahrkarten-automaten steht ein Mann mit Hut. ○

Der nette Schaffner mit der blauen Mütze trägt eine schwarze Tasche. ○

In dem rot-weißen IC-Zug sitzen zwei Kinder, die winken und lachen. ○

Neben der braunen Holzbank stehen zwei grüne Koffer auf dem Bahnsteig. ○

Der rot-weiße ICE-Zug hat dunkle Fenster-scheiben. ○

Detektiv Pfiffig war-tet auf den ICE und hält einen braunen Koffer in der Hand. ○

Was stimmt hier nicht? Findest du alle 7 Fehler im Bild?  **Kreise ein.**

Wie viele Fehler hast du gefunden?  **Kreuze an:**

 **Erzähle.**  **Lies.**  **Male richtig an und ergänze.**  **Verbinde.**

Löse mit Detektiv Pfiffig den 29. Fall!

Fall 29

Lies. Kreuze an.

1. Detektiv Pfiffig will verreisen.	○ ja	○ nein	○ vielleicht
2. Züge fahren auf Schienen.	○ ja	○ nein	○ vielleicht
3. Der Schaffner steht an Gleis 2.	○ ja	○ nein	○ vielleicht
4. Hund Fiffi steht auf der Rolltreppe.	○ ja	○ nein	○ vielleicht
5. Für eine Zugfahrt braucht man eine Fahrkarte.	○ ja	○ nein	○ vielleicht
6. Es ist genau elf Uhr.	○ ja	○ nein	○ vielleicht
7. Im IC und ICE sitzen keine Personen.	○ ja	○ nein	○ vielleicht
8. Eltern verabschieden sich von ihren Kindern.	○ ja	○ nein	○ vielleicht

Schreibe.

9. Was macht Detektiv Pfiffig? a) Pfiffig sitzt im Zug. b) Pfiffig steht auf dem Bahnsteig.

10. Was steht neben der Rolltreppe?
a) Da steht ein Fahrkartenautomat. b) Da steht Fiffi.

11. Wer kontrolliert Fahrkarten?
a) Detektive kontrollieren sie. b) Schaffner kontrollieren sie.

12. Was steht auf dem Schild?
a) Viel Spaß bei der Klassenarbeit. b) Viel Spaß bei der Klassenfahrt.

Male.

13. Drei Eltern halten das blaue Schild hoch.

14. Neben Pfiffig wartet eine Oma.

Wie viele Aufgaben hast du gelöst? ______ **von 14 Aufgaben**

Kontrolliere. Verbessere. ✓ ➡ ☐ **Fall gelöst!**

Das kannst du auch noch machen:

1. Spiel: Erkläre „Bahnhof-Wörter“ mit eigenen Worten, mit Gesten oder mit Zeichnungen. Wer errät die Wörter?
2. Schreibe eine Geschichte zu dem Bild. Die Sätze und Wörter auf den beiden Seiten können dir dabei helfen. Lies vor.
3. Male ein eigenes „Bahnhof-Suchbild“ mit neuen Quatsch- und Sachfehlern. Wer findet deine Fehler?

Fall 30

Das Fußballspiel

Die Anzeigetafel mit dem Spielstand blinkt rot und gelb. ◯

Die Zuschauer jubeln und feuern die Fußballer an. ◯

Die Torpfosten und die Latte sind grau und das Tornetz ist blau. ◯

Die angreifenden Spieler tragen rote Trikots und blaue Hosen. ◯

Die abwehrende Mannschaft trägt blaue Trikots und rote Hosen. ◯

Der Fußball ist schwarz-weiß und rollt über den grünen Rasen. ◯

Schiedsrichter Ecki Eckstoß zeigt die rote Karte. ◯

Was stimmt hier nicht? Findest du alle 7 Fehler im Bild?  **Kreise ein.**

Wie viele Fehler hast du gefunden?  **Kreuze an:**

 **Erzähle.**  **Lies.**  **Male richtig an und ergänze.**  **Verbinde.**

Löse mit Detektiv Pfiffig den 30. Fall!

Fall 30

Lies. Kreuze an.

1. Die Zuschauer sind Handball-Fans.	○ ja	○ nein	○ vielleicht
2. Auf dem Spielfeld spielen zwei Mannschaften.	○ ja	○ nein	○ vielleicht
3. Sie spielen im Stadion von Knobelhausen.	○ ja	○ nein	○ vielleicht
4. Ein Spieler schießt gleich ein Tor.	○ ja	○ nein	○ vielleicht
5. Das Fußballspiel dauert noch zehn Minuten.	○ ja	○ nein	○ vielleicht
6. Der Schiedsrichter heißt Kurt Kehrblech.	○ ja	○ nein	○ vielleicht
7. Der Torwart steht hinter dem Tor.	○ ja	○ nein	○ vielleicht

Schreibe.

8. Was macht Detektiv Pfiffig?
a) Pfiffig mäht den Rasen. b) Pfiffig schießt ein Tor.

____

9. Was macht der Angreifer mit dem Ball? a) Er dribbelt. b) Er foult.

____

10. Was machen die Zuschauer?
a) Sie jubeln und feuern an. b) Sie weinen und kreischen.

____

Male.

11. Die Eckfahne ist gelb.
12. Die Pfeife des Schiedsrichters ist schwarz.
13. Die grüne Flutlichtanlage leuchtet gelb.
14. Die Werbeschilder sind blau.
15. Am Spielfeldrand liegen zwei Ersatzfußbälle.
16. Die Torwarthandschuhe sind braun.

Wie viele Aufgaben hast du gelöst? ______ **von 16 Aufgaben**

Kontrolliere. Verbessere. ✓ ➡ ☐ **Fall gelöst!**

Das kannst du auch noch machen:
1. Spiel: Erkläre „Fußballspiel-Wörter“ mit eigenen Worten, mit Gesten oder mit Zeichnungen. Wer errät die Wörter?
2. Schreibe eine Geschichte zu dem Bild. Die Sätze und Wörter auf den beiden Seiten können dir dabei helfen. Lies vor.
3. Male ein eigenes „Fußballspiel-Suchbild“ mit neuen Quatsch- und Sachfehlern. Wer findet deine Fehler?

Fall 31

Das Krankenhaus

Auf dem Schild am bunten Krankenbett steht „Jonas“. ◯

Links neben der braunen Tür hängt ein Schild mit der Zimmernummer 24. ◯

Auf dem gelben Nachtschrank steht ein Glas Wasser. ◯

Der Arzt mit der Brille untersucht aus Spaß Jonas braunen Teddybären. ◯

Die Krankenschwester mit der Spritze trägt eine grüne Haube. ◯

Das blaue Fieberthermometer steckt im Mund des kranken Patienten. ◯

Pfiffig hält eine rote Flasche mit Medizin in der Hand. ◯

Was stimmt hier nicht? Findest du alle 7 Fehler im Bild?  **Kreise ein.**

Wie viele Fehler hast du gefunden? 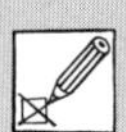 **Kreuze an:**

 **Erzähle.**  **Lies.**  **Male richtig an und ergänze.**  **Verbinde.**

Löse mit Detektiv Pfiffig den 31. Fall!

Fall 31

Lies. **Kreuze an.**

1. Detektiv Pfiffig liegt krank im Bett.	○ ja	○ nein	○ vielleicht
2. Hund Fiffi liegt neben dem Krankenbett.	○ ja	○ nein	○ vielleicht
3. Der Nachtschrank hat eine Schublade.	○ ja	○ nein	○ vielleicht
4. Die Zimmernummer ist 42.	○ ja	○ nein	○ vielleicht
5. Einer der kleinen Patienten heißt Jonas.	○ ja	○ nein	○ vielleicht
6. Die Krankenschwester heißt Susi.	○ ja	○ nein	○ vielleicht
7. Der Arzt will dem Patienten im Bett helfen.	○ ja	○ nein	○ vielleicht
8. Gleich klopft Krankenbesuch an die Tür.	○ ja	○ nein	○ vielleicht
9. Mit dem Thermometer misst man die Größe.	○ ja	○ nein	○ vielleicht
10. Das Kind auf dem Hocker ist zwei Meter groß.	○ ja	○ nein	○ vielleicht
11. Das Kind im Bett hat Fieber.	○ ja	○ nein	○ vielleicht
12. Der Arzt mit der Brille hat Fieber.	○ ja	○ nein	○ vielleicht

Schreibe.

13. Was hängt neben dem Waschbecken?
a) Dort hängt ein Handschuh. b) Dort hängt ein Handtuch.

____

14. Was hält Pfiffig in der Hand?
a) Er hält eine Medizinflasche in der Hand. b) Er hält eine Bierflasche in der Hand.

____

Male.

15. Der Arztkittel von Fiffi ist blau.

16. Die Krankenschwester hat drei Lollis in der Tasche.

17. Pfiffigs Mundschutz ist grün. 18. Unter dem Bett liegen drei rote Bücher.

Wie viele Aufgaben hast du gelöst? ______ **von 18 Aufgaben**

Kontrolliere. Verbessere. ✓ ➡ ☐ **Fall gelöst!**

Das kannst du auch noch machen:

1. Spiel: Erkläre „Krankenhaus-Wörter" mit eigenen Worten, mit Gesten oder mit Zeichnungen. Wer errät die Wörter?
2. Schreibe eine Geschichte zu dem Bild. Die Sätze und Wörter auf den beiden Seiten können dir dabei helfen. Lies vor.
3. Male ein eigenes „Krankenhaus-Suchbild" mit neuen Quatsch- und Sachfehlern. Wer findet deine Fehler?

Fall 32

Das Meer

Die feuerrote Sonne am Horizont spiegelt sich auf der blauen Wasseroberfläche. ◯

Drei gelbe und gleich große Quallen treiben im blauen Meer. ◯

Über dem grünen Schiffswrack taucht ein Taucher. ◯

In dem Fischschwarm schwimmen zwölf kleine, rote Fische. ◯

Pfiffig trägt einen roten Taucheranzug und blaue Flossen. ◯

Die Meerjungfrau mit der grünen Flosse sitzt auf dem schwarzen Felsen. ◯

Unter dem grünen Kraken liegen zwei rote Seesterne und vier gelbe Muscheln. ◯

Was stimmt hier nicht? Findest du alle 7 Fehler im Bild? Kreise ein.

Wie viele Fehler hast du gefunden? Kreuze an:

Erzähle. Lies. Male richtig an und ergänze. Verbinde.

Fall 32

Löse mit Detektiv Pfiffig den 32. Fall!

Lies. **Kreuze an.**

1. Detektiv Pfiffig taucht.	◯ ja	◯ nein	◯ vielleicht
2. Hund Fiffi taucht.	◯ ja	◯ nein	◯ vielleicht
3. Unter Wasser können Menschen atmen.	◯ ja	◯ nein	◯ vielleicht
4. Im Meer leben Vögel, Katzen und Mäuse.	◯ ja	◯ nein	◯ vielleicht
5. Vor der Schatzkiste liegt ein Schlüssel.	◯ ja	◯ nein	◯ vielleicht
6. In der Schatzkiste liegen Goldmünzen.	◯ ja	◯ nein	◯ vielleicht
7. Die roten Fische sind gute Angler.	◯ ja	◯ nein	◯ vielleicht
8. Das Schiffswrack hat einen Anker.	◯ ja	◯ nein	◯ vielleicht

Schreibe.

9. Wer sitzt vor Detektiv Pfiffig?
a) Dort sitzt eine Qualle. b) Dort sitzt eine Meerjungfrau.

____

10. Wie viele Arme hat der Krake? a) Er hat neun Arme. b) Er hat acht Arme.

____

11. Wie heißt das Boot?
a) Das Boot heißt Knobel-Boot. b) Das Boot heißt Fiffi.

____

12. Welche Tageszeit ist es? a) Es ist Mittag. b) Es ist Abend.

____

Male.

13. Das rote Boot hat zwei grüne Segel.

14. Die braune Schatzkiste hat ein rotes Schloss.

Wie viele Aufgaben hast du gelöst? _____ **von 14 Aufgaben**

Kontrolliere. Verbessere. ✓ ➡ ☐ **Fall gelöst!**

Das kannst du auch noch machen:
1. Spiel: Erkläre „Meer-Wörter" mit eigenen Worten, mit Gesten oder mit Zeichnungen. Wer errät die Wörter?
2. Schreibe eine Geschichte zu dem Bild. Die Sätze und Wörter auf den beiden Seiten können dir dabei helfen. Lies vor.
3. Male ein eigenes „Meer-Suchbild" mit neuen Quatsch- und Sachfehlern. Wer findet deine Fehler?

Fall 33 Die Dinos

Der Flugsaurier hat einen grünen Schnabel und braune Flügel. ○

Um den braunen Vulkan herum wachsen sehr viele grüne Bäume. ○

Der Tyrannosaurus Rex hat spitze Zähne und schwarze Krallen. ○

Der graue, schwere Supersaurus läuft auf einen blauen See zu. ○

Der grüne Triceratops mit den drei Hörnern frisst grüne Pflanzen. ○

Der graue Plesiosaurus im Meer jagt drei rote Fische. ○

Der Brachiosaurus leckt das Gesicht von Detektiv Pfiffig ab. ○

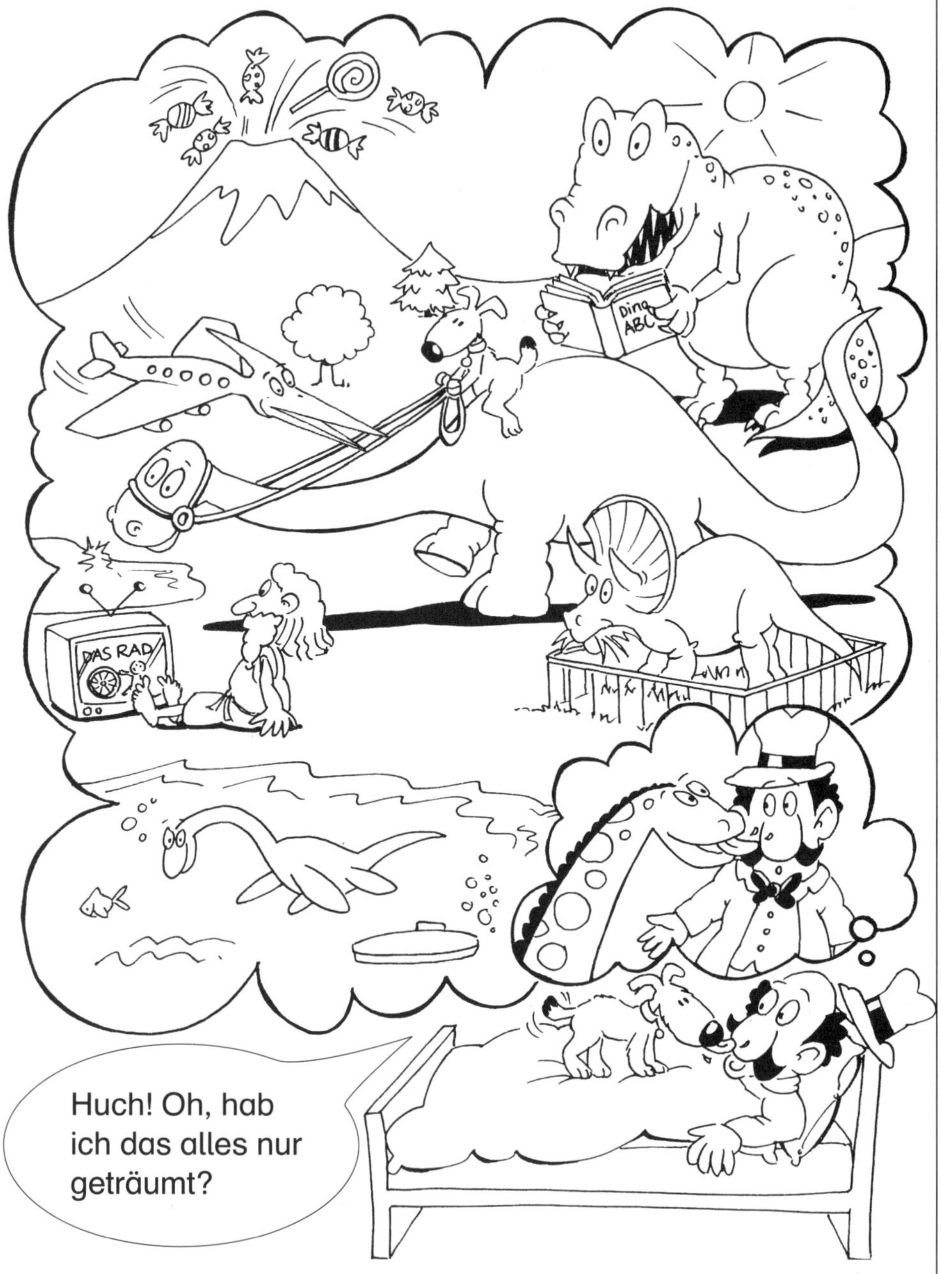

Huch! Oh, hab ich das alles nur geträumt?

Was stimmt hier nicht? Findest du alle 7 Fehler im Bild?  **Kreise ein.**

Wie viele Fehler hast du gefunden? Kreuze an: 

Erzähle.  **Lies.**  **Male richtig an und ergänze.** 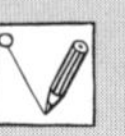 **Verbinde.**

Fall
33

Löse mit Detektiv Pfiffig den 33. Fall!

Lies. **Kreuze an.**

1. Einige Dinos konnten fliegen.	◯ ja	◯ nein	◯ vielleicht
2. Einige Dinos konnten schwimmen.	◯ ja	◯ nein	◯ vielleicht
3. Einige Dinos konnten schreiben.	◯ ja	◯ nein	◯ vielleicht
4. Einige Dinos fraßen Pflanzen.	◯ ja	◯ nein	◯ vielleicht
5. Einige Dinos fraßen Fleisch.	◯ ja	◯ nein	◯ vielleicht
6. Einige Dinos fraßen Bonbons.	◯ ja	◯ nein	◯ vielleicht
7. Detektiv Pfiffig hat alles nur geträumt.	◯ ja	◯ nein	◯ vielleicht

Schreibe.

8. Wer leckt Detektiv Pfiffig wirklich ab?
a) Ein Dino leckt Pfiffig ab. b) Fiffi leckt Pfiffig ab.

____

9. Wo liegt Detektiv Pfiffig? a) Pfiffig liegt im Bett. b) Pfiffig liegt im Schlafsack.

____

10. Wer lebt nicht mehr? a) Hunde leben nicht mehr. b) Dinos leben nicht mehr.

____

Male.

11. Das Kissen hat drei blaue Punkte.
12. Auf der Bettdecke sind acht schwarze Lupen.
13. Unter dem Bett steht ein grüner Nachttopf.
14. Der Tyranosaurus Rex ist braun.
15. Unter dem Bett stehen zwei blaue Pantoffeln.
16. Der Bettrahmen ist grün.

Wie viele Aufgaben hast du gelöst? _____ **von 16 Aufgaben**

Kontrolliere. Verbessere. ✓ ➡ ☐ **Fall gelöst!**

Das kannst du auch noch machen:
1. Spiel: Erkläre „Dino-Wörter“ mit eigenen Worten, mit Gesten oder mit Zeichnungen. Wer errät die Wörter?
2. Schreibe eine Geschichte zu dem Bild. Die Sätze und Wörter auf den beiden Seiten können dir dabei helfen. Lies vor.
3. Male ein eigenes „Dino-Suchbild“ mit neuen Quatsch- und Sachfehlern. Wer findet deine Fehler?

Lupen-Zusatz-Fall ______________ von ______________

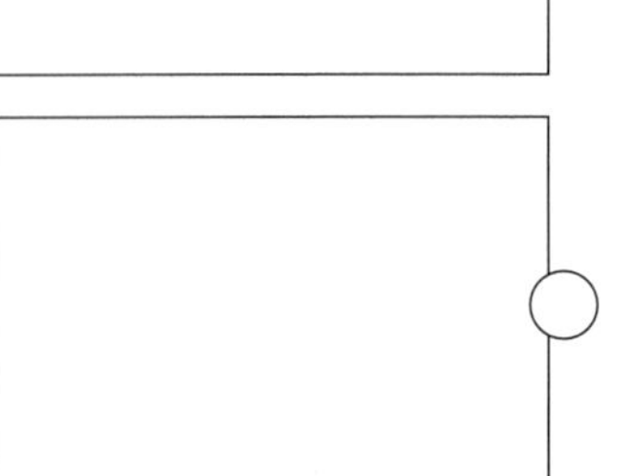

Überlege dir selbst einen „Traumfall“. Suche dir ein Thema aus.

 **Male mit Bleistift ein Bild mit 5, 6 oder 7 Fehlern.**

 **Schreibe mit Bleistift 5, 6 oder 7 Sätze zu dem Thema in die Kästchen.**

Lupen-Zusatz-Fall – Tipps von Detektiv Pfiffig

Zu welchem Thema möchtest du deinen Fall gestalten?
Zum Beispiel Schulfest, Abenteuerspielplatz, Freizeitpark, Schloss, Urlaub … Dir fällt bestimmt ein spannendes Thema ein.

Überlege dir nun wichtige Wörter zu deinem Thema und schreibe sie hier auf.

Was möchtest du dazu malen? Schreibe dir Stichpunkte auf.

Welche Fehler möchtest du einbauen? Überlege dir lustige „falsche“ Personen, Tiere, Dinge oder Tätigkeiten.
Notiere dir fünf, sechs oder sieben Sach- und Quatschfehler.

Wenn dein Bild fertig ist, gib es einem Mitschüler.
Kann er alle Sätze richtig verbinden?
Findet er alle deine Fehler?
Oder frage deine Lehrerin oder deinen Lehrer.
Vielleicht kann sie oder er deinen Fall für die ganze Klasse kopieren.

Viel Spaß beim Entwerfen und Knobeln wünschen dir
Detektiv Pfiffig und Fiffi

Lösungskarten für die Selbstkontrolle: Die Lehrer der Neu-Schule

Lösungskarten für die Selbstkontrolle: Cover für das Lösungsheft und Fall 1

Lösungskarten

 **Kontrolliere.**

 **Fall gelöst?**

Fall 1

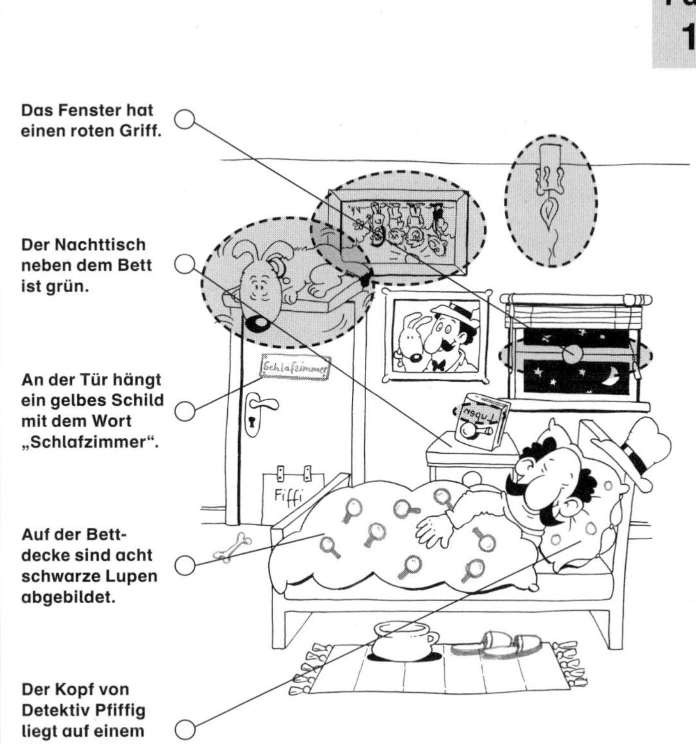

Lies. **Kreuze an.**

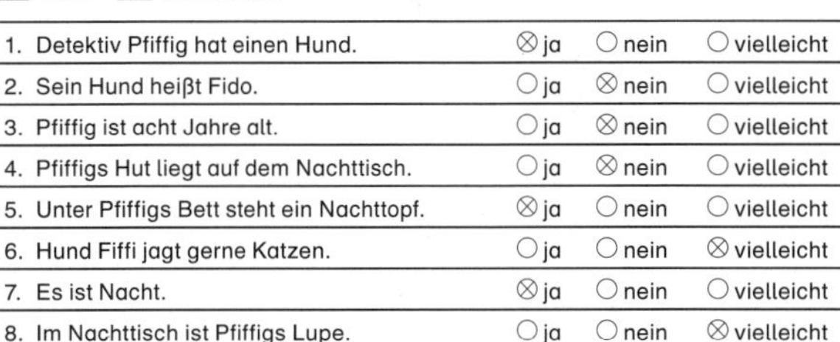

1. Detektiv Pfiffig hat einen Hund.	⊗ ja	○ nein	○ vielleicht
2. Sein Hund heißt Fido.	○ ja	⊗ nein	○ vielleicht
3. Pfiffig ist acht Jahre alt.	○ ja	⊗ nein	○ vielleicht
4. Pfiffigs Hut liegt auf dem Nachttisch.	○ ja	⊗ nein	○ vielleicht
5. Unter Pfiffigs Bett steht ein Nachttopf.	⊗ ja	○ nein	○ vielleicht
6. Hund Fiffi jagt gerne Katzen.	○ ja	○ nein	⊗ vielleicht
7. Es ist Nacht.	⊗ ja	○ nein	○ vielleicht
8. Im Nachttisch ist Pfiffigs Lupe.	○ ja	○ nein	⊗ vielleicht

Schreibe.

9. Was tut Detektiv Pfiffig? a) Detektiv Pfiffig schwimmt. b) Detektiv Pfiffig schläft.

Detektiv Pfiffig schläft.

10. Was hängt an der Wand? a) Dort hängen Bilder. b) Dort hängen Blumen.

Dort hängen Bilder.

Male.

11. Vor der braunen Tür liegt ein weißer Knochen.

12. Neben dem grünen Nachttopf stehen zwei blaue Pantoffeln.

Lösungskarten für die Selbstkontrolle: Fälle 2 und 3

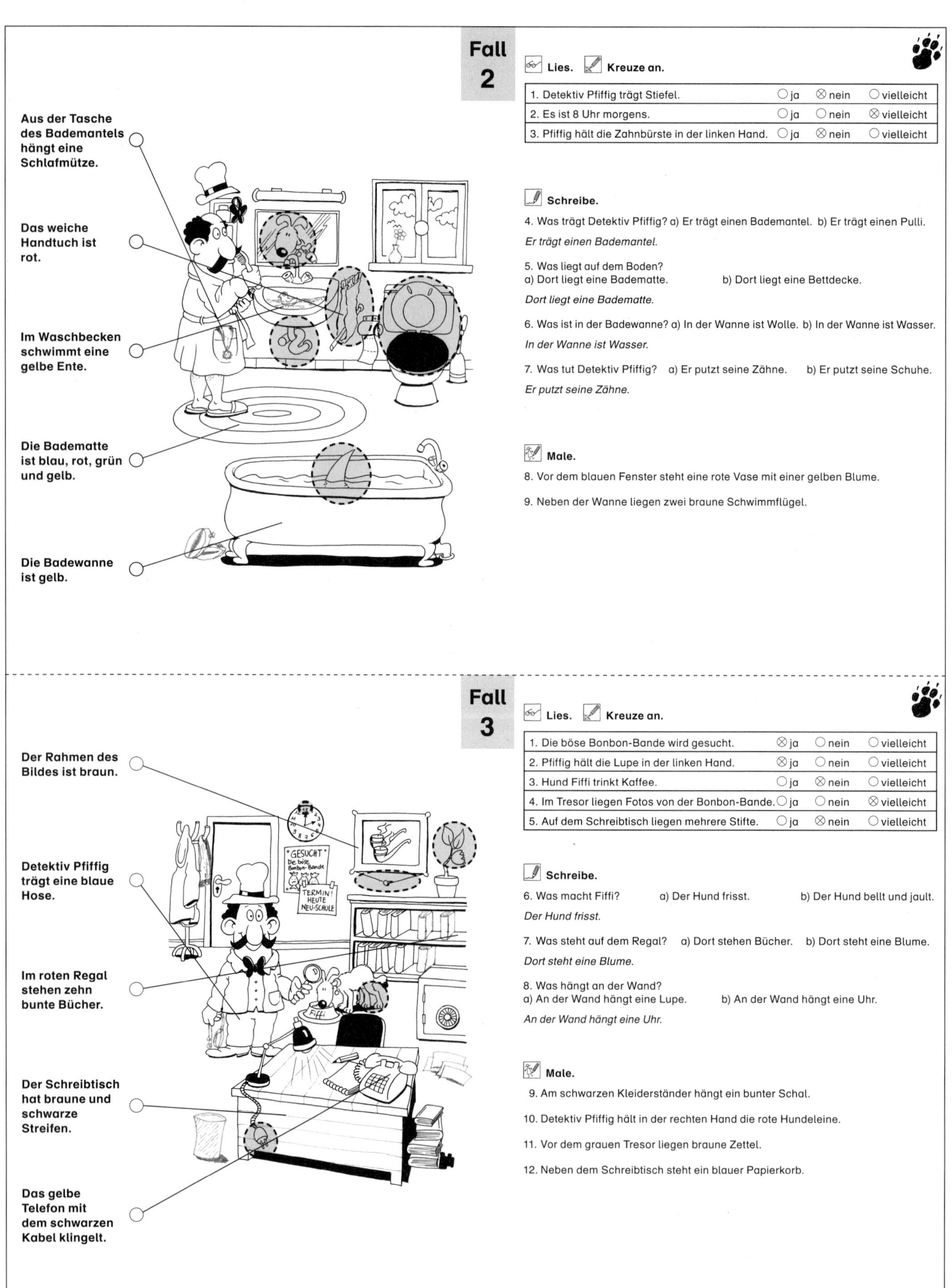

Fall 2

Aus der Tasche des Bademantels hängt eine Schlafmütze.

Das weiche Handtuch ist rot.

Im Waschbecken schwimmt eine gelbe Ente.

Die Bademattte ist blau, rot, grün und gelb.

Die Badewanne ist gelb.

Lies. Kreuze an.

1. Detektiv Pfiffig trägt Stiefel.	○ ja	⊗ nein	○ vielleicht
2. Es ist 8 Uhr morgens.	○ ja	○ nein	⊗ vielleicht
3. Pfiffig hält die Zahnbürste in der linken Hand.	○ ja	⊗ nein	○ vielleicht

Schreibe.

4. Was trägt Detektiv Pfiffig? a) Er trägt einen Bademantel. b) Er trägt einen Pulli.
Er trägt einen Bademantel.

5. Was liegt auf dem Boden?
a) Dort liegt eine Bademattte. b) Dort liegt eine Bettdecke.
Dort liegt eine Bademattte.

6. Was ist in der Badewanne? a) In der Wanne ist Wolle. b) In der Wanne ist Wasser.
In der Wanne ist Wasser.

7. Was tut Detektiv Pfiffig? a) Er putzt seine Zähne. b) Er putzt seine Schuhe.
Er putzt seine Zähne.

Male.

8. Vor dem blauen Fenster steht eine rote Vase mit einer gelben Blume.

9. Neben der Wanne liegen zwei braune Schwimmflügel.

Fall 3

Der Rahmen des Bildes ist braun.

Detektiv Pfiffig trägt eine blaue Hose.

Im roten Regal stehen zehn bunte Bücher.

Der Schreibtisch hat braune und schwarze Streifen.

Das gelbe Telefon mit dem schwarzen Kabel klingelt.

Lies. Kreuze an.

1. Die böse Bonbon-Bande wird gesucht.	⊗ ja	○ nein	○ vielleicht
2. Pfiffig hält die Lupe in der linken Hand.	⊗ ja	○ nein	○ vielleicht
3. Hund Fiffi trinkt Kaffee.	○ ja	⊗ nein	○ vielleicht
4. Im Tresor liegen Fotos von der Bonbon-Bande.	○ ja	○ nein	⊗ vielleicht
5. Auf dem Schreibtisch liegen mehrere Stifte.	○ ja	⊗ nein	○ vielleicht

Schreibe.

6. Was macht Fiffi? a) Der Hund frisst. b) Der Hund bellt und jault.
Der Hund frisst.

7. Was steht auf dem Regal? a) Dort stehen Bücher. b) Dort steht eine Blume.
Dort steht eine Blume.

8. Was hängt an der Wand?
a) An der Wand hängt eine Lupe. b) An der Wand hängt eine Uhr.
An der Wand hängt eine Uhr.

Male.

9. Am schwarzen Kleiderständer hängt ein bunter Schal.

10. Detektiv Pfiffig hält in der rechten Hand die rote Hundeleine.

11. Vor dem grauen Tresor liegen braune Zettel.

12. Neben dem Schreibtisch steht ein blauer Papierkorb.

Lösungskarten für die Selbstkontrolle: Fälle 4 und 5

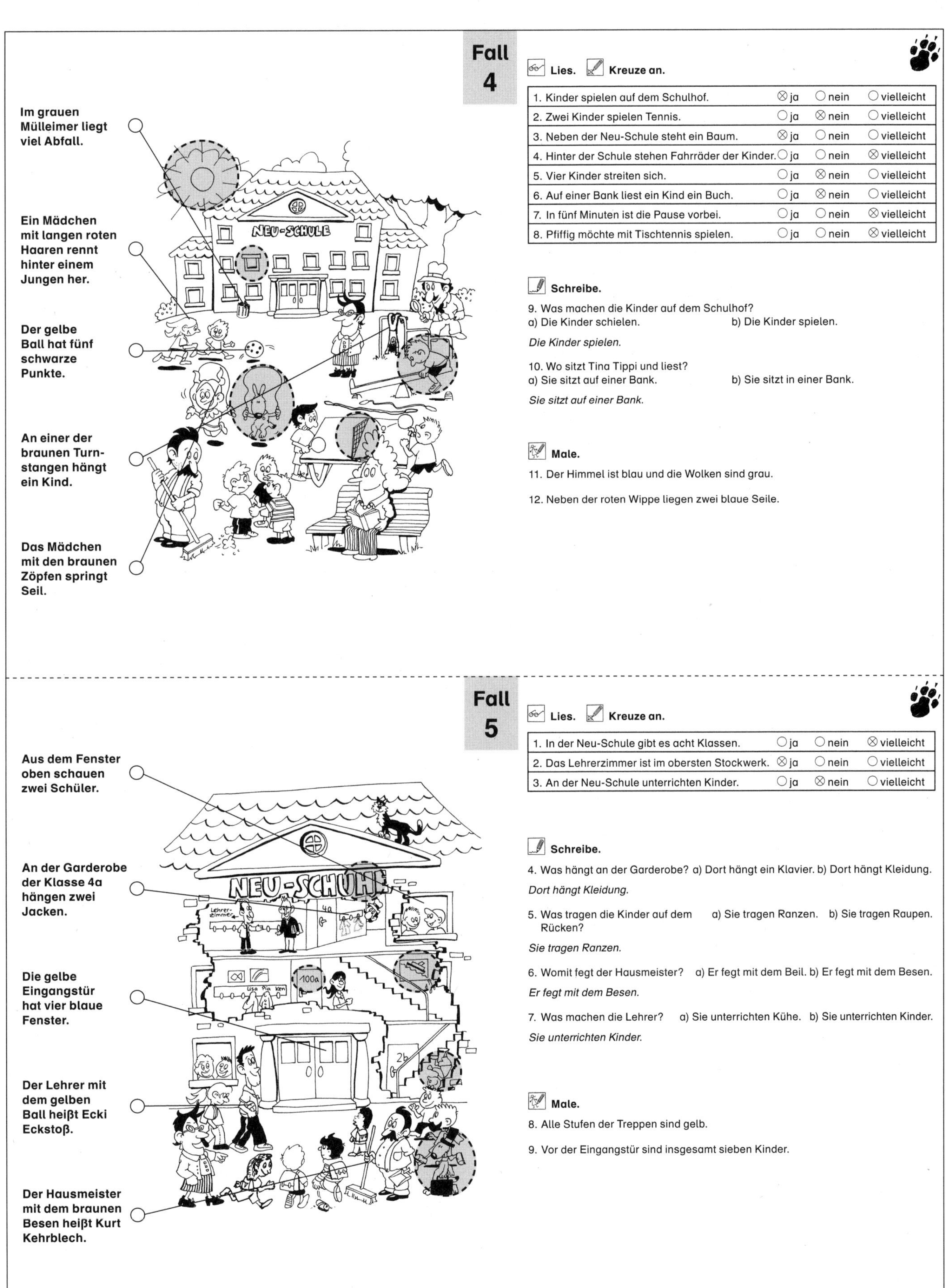

Fall 4

Im grauen Mülleimer liegt viel Abfall.

Ein Mädchen mit langen roten Haaren rennt hinter einem Jungen her.

Der gelbe Ball hat fünf schwarze Punkte.

An einer der braunen Turnstangen hängt ein Kind.

Das Mädchen mit den braunen Zöpfen springt Seil.

Lies. Kreuze an.

1. Kinder spielen auf dem Schulhof.	⊗ ja	○ nein	○ vielleicht
2. Zwei Kinder spielen Tennis.	○ ja	⊗ nein	○ vielleicht
3. Neben der Neu-Schule steht ein Baum.	⊗ ja	○ nein	○ vielleicht
4. Hinter der Schule stehen Fahrräder der Kinder.	○ ja	○ nein	⊗ vielleicht
5. Vier Kinder streiten sich.	○ ja	⊗ nein	○ vielleicht
6. Auf einer Bank liest ein Kind ein Buch.	○ ja	⊗ nein	○ vielleicht
7. In fünf Minuten ist die Pause vorbei.	○ ja	○ nein	⊗ vielleicht
8. Pfiffig möchte mit Tischtennis spielen.	○ ja	○ nein	⊗ vielleicht

Schreibe.

9. Was machen die Kinder auf dem Schulhof?
a) Die Kinder schielen. b) Die Kinder spielen.

Die Kinder spielen.

10. Wo sitzt Tina Tippi und liest?
a) Sie sitzt auf einer Bank. b) Sie sitzt in einer Bank.

Sie sitzt auf einer Bank.

Male.

11. Der Himmel ist blau und die Wolken sind grau.

12. Neben der roten Wippe liegen zwei blaue Seile.

Fall 5

Aus dem Fenster oben schauen zwei Schüler.

An der Garderobe der Klasse 4a hängen zwei Jacken.

Die gelbe Eingangstür hat vier blaue Fenster.

Der Lehrer mit dem gelben Ball heißt Ecki Eckstoß.

Der Hausmeister mit dem braunen Besen heißt Kurt Kehrblech.

Lies. Kreuze an.

1. In der Neu-Schule gibt es acht Klassen.	○ ja	○ nein	⊗ vielleicht
2. Das Lehrerzimmer ist im obersten Stockwerk.	⊗ ja	○ nein	○ vielleicht
3. An der Neu-Schule unterrichten Kinder.	○ ja	⊗ nein	○ vielleicht

Schreibe.

4. Was hängt an der Garderobe? a) Dort hängt ein Klavier. b) Dort hängt Kleidung.

Dort hängt Kleidung.

5. Was tragen die Kinder auf dem Rücken? a) Sie tragen Ranzen. b) Sie tragen Raupen.

Sie tragen Ranzen.

6. Womit fegt der Hausmeister? a) Er fegt mit dem Beil. b) Er fegt mit dem Besen.

Er fegt mit dem Besen.

7. Was machen die Lehrer? a) Sie unterrichten Kühe. b) Sie unterrichten Kinder.

Sie unterrichten Kinder.

Male.

8. Alle Stufen der Treppen sind gelb.

9. Vor der Eingangstür sind insgesamt sieben Kinder.

Lösungskarten für die Selbstkontrolle: Fälle 6 und 7

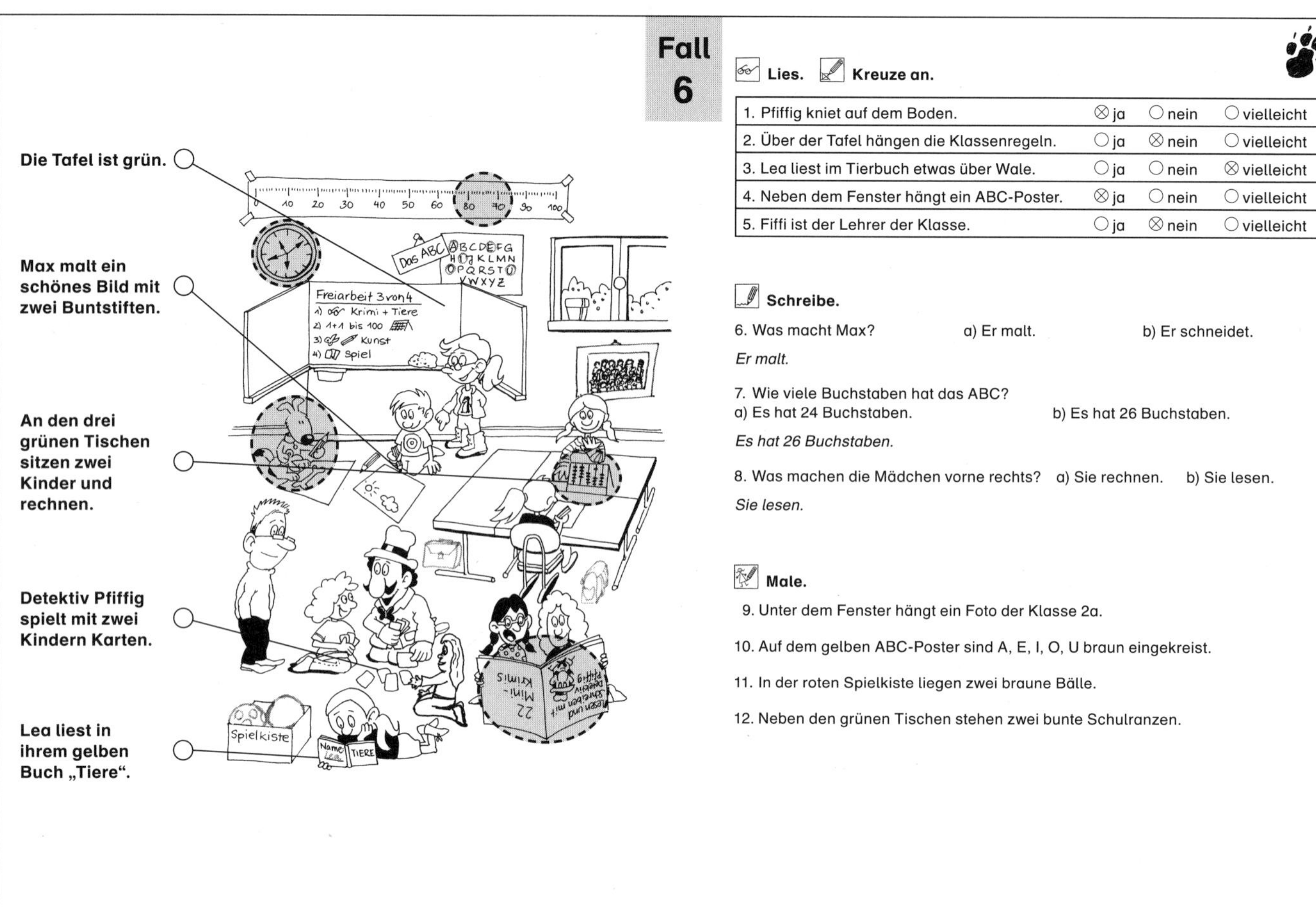

Die Tafel ist grün. ○

Max malt ein schönes Bild mit zwei Buntstiften. ○

An den drei grünen Tischen sitzen zwei Kinder und rechnen. ○

Detektiv Pfiffig spielt mit zwei Kindern Karten. ○

Lea liest in ihrem gelben Buch „Tiere“. ○

Fall 6

Lies. Kreuze an.

1. Pfiffig kniet auf dem Boden.	⊗ ja	○ nein	○ vielleicht
2. Über der Tafel hängen die Klassenregeln.	○ ja	⊗ nein	○ vielleicht
3. Lea liest im Tierbuch etwas über Wale.	○ ja	○ nein	⊗ vielleicht
4. Neben dem Fenster hängt ein ABC-Poster.	⊗ ja	○ nein	○ vielleicht
5. Fiffi ist der Lehrer der Klasse.	○ ja	⊗ nein	○ vielleicht

Schreibe.

6. Was macht Max? a) Er malt. b) Er schneidet.

Er malt.

7. Wie viele Buchstaben hat das ABC?
a) Es hat 24 Buchstaben. b) Es hat 26 Buchstaben.

Es hat 26 Buchstaben.

8. Was machen die Mädchen vorne rechts? a) Sie rechnen. b) Sie lesen.

Sie lesen.

Male.

9. Unter dem Fenster hängt ein Foto der Klasse 2a.

10. Auf dem gelben ABC-Poster sind A, E, I, O, U braun eingekreist.

11. In der roten Spielkiste liegen zwei braune Bälle.

12. Neben den grünen Tischen stehen zwei bunte Schulranzen.

Der gelbe Ofen hat fünf blaue Knöpfe. ○

Auf dem Herd stehen ein Topf und eine Pfanne. ○

Die Köchin Berta Brühe trägt eine rote Schürze. ○

Jan und Lisa essen eine gelbe Banane und eine grüne Birne. ○

Auf dem Tisch stehen zwei Teller mit zwei Gabeln und zwei Messern. ○

Fall 7

Lies. Kreuze an.

1. Es ist 8 Uhr.	○ ja	⊗ nein	○ vielleicht
2. Curry und Pfeffer sind Gewürze.	⊗ ja	○ nein	○ vielleicht
3. Detektiv Pfiffig trägt eine Kochmütze.	⊗ ja	○ nein	○ vielleicht
4. Köchin Berta Brühe hält eine Gabel.	○ ja	⊗ nein	○ vielleicht
5. Pfiffig hat einen Kochlöffel in der Hand.	⊗ ja	○ nein	○ vielleicht
6. Im Topf kochen Kartoffeln.	○ ja	○ nein	⊗ vielleicht
7. Die Kinder essen Obst.	⊗ ja	○ nein	○ vielleicht
8. Detektiv Pfiffig ist ein guter Koch.	○ ja	○ nein	⊗ vielleicht

Schreibe.

9. Was steht neben dem Tisch? a) Dort steht ein Sofa. b) Dort steht ein Stuhl.

Dort steht ein Stuhl.

10. Was ist über dem Spülbecken?
a) Dort ist ein Wasserball. b) Dort ist ein Wasserhahn.

Dort ist ein Wasserhahn.

Male.

11. Die rote Obstschale steht auf einer gelben Tischdecke.

12. Auf dem braunen Schrank stehen vier blaue Dosen.

Lösungskarten für die Selbstkontrolle: Fälle 8 und 9

Fall 8

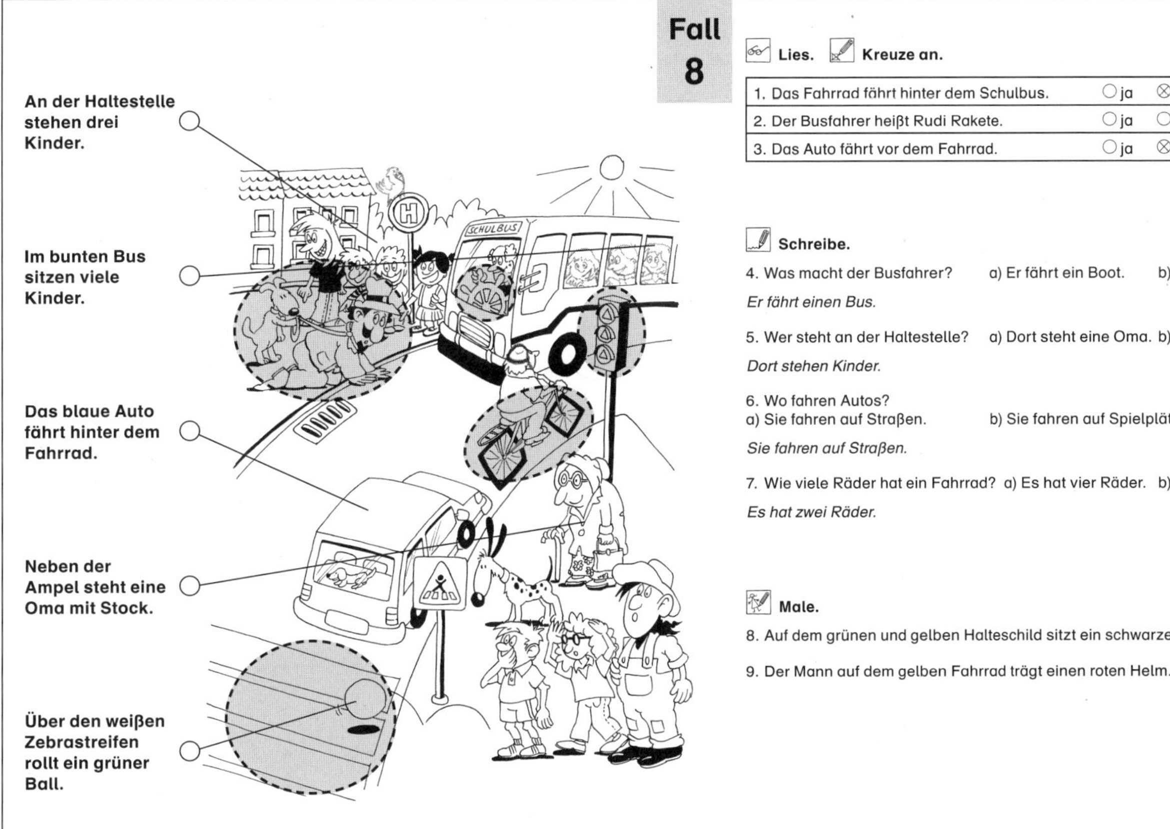

Lies. Kreuze an.

1. Das Fahrrad fährt hinter dem Schulbus.	◯ ja	⊗ nein	◯ vielleicht
2. Der Busfahrer heißt Rudi Rakete.	◯ ja	◯ nein	⊗ vielleicht
3. Das Auto fährt vor dem Fahrrad.	◯ ja	⊗ nein	◯ vielleicht

Schreibe.

4. Was macht der Busfahrer? a) Er fährt ein Boot. b) Er fährt einen Bus.

Er fährt einen Bus.

5. Wer steht an der Haltestelle? a) Dort steht eine Oma. b) Dort stehen Kinder.

Dort stehen Kinder.

6. Wo fahren Autos?
a) Sie fahren auf Straßen. b) Sie fahren auf Spielplätzen.

Sie fahren auf Straßen.

7. Wie viele Räder hat ein Fahrrad? a) Es hat vier Räder. b) Es hat zwei Räder.

Es hat zwei Räder.

Male.

8. Auf dem grünen und gelben Halteschild sitzt ein schwarzer Vogel.

9. Der Mann auf dem gelben Fahrrad trägt einen roten Helm.

Fall 9

Lies. Kreuze an.

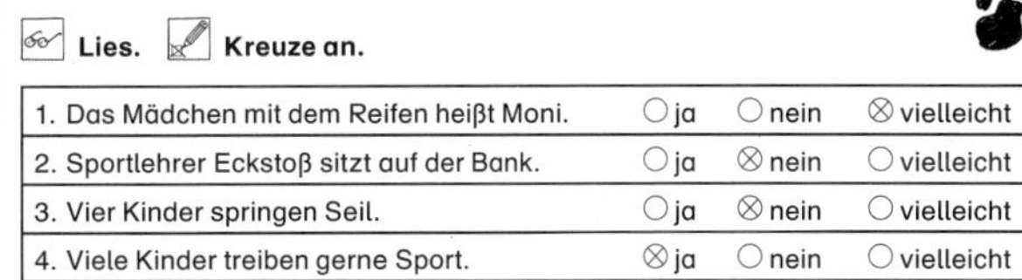

1. Das Mädchen mit dem Reifen heißt Moni.	◯ ja	◯ nein	⊗ vielleicht
2. Sportlehrer Eckstoß sitzt auf der Bank.	◯ ja	⊗ nein	◯ vielleicht
3. Vier Kinder springen Seil.	◯ ja	⊗ nein	◯ vielleicht
4. Viele Kinder treiben gerne Sport.	⊗ ja	◯ nein	◯ vielleicht
5. Detektiv Pfiffig trägt Sportkleidung.	◯ ja	⊗ nein	◯ vielleicht

Schreibe.

6. Was macht Detektiv Pfiffig? a) Pfiffig spielt mit Kindern. b) Pfiffig spielt mit Tieren.

Pfiffig spielt mit Kindern.

7. Was hat Ecki Eckstoß um den Hals?
a) Dort hängt eine Hupe. b) Dort hängt eine Pfeife.

Dort hängt eine Pfeife.

8. Was liegt unter dem Balken? a) Dort liegen Matten. b) Dort liegen Bänke.

Dort liegen Matten.

Male.

9. Im roten Tor steht ein Torwart.

10. Über dem Tor hängt eine blaue Uhr an der gelben Wand.

11. Alle Reifen sind grün.

12. Im braunen Kasten sitzt ein Kind mit braunen Haaren.

Lösungskarten für die Selbstkontrolle: Fälle 10 und 11

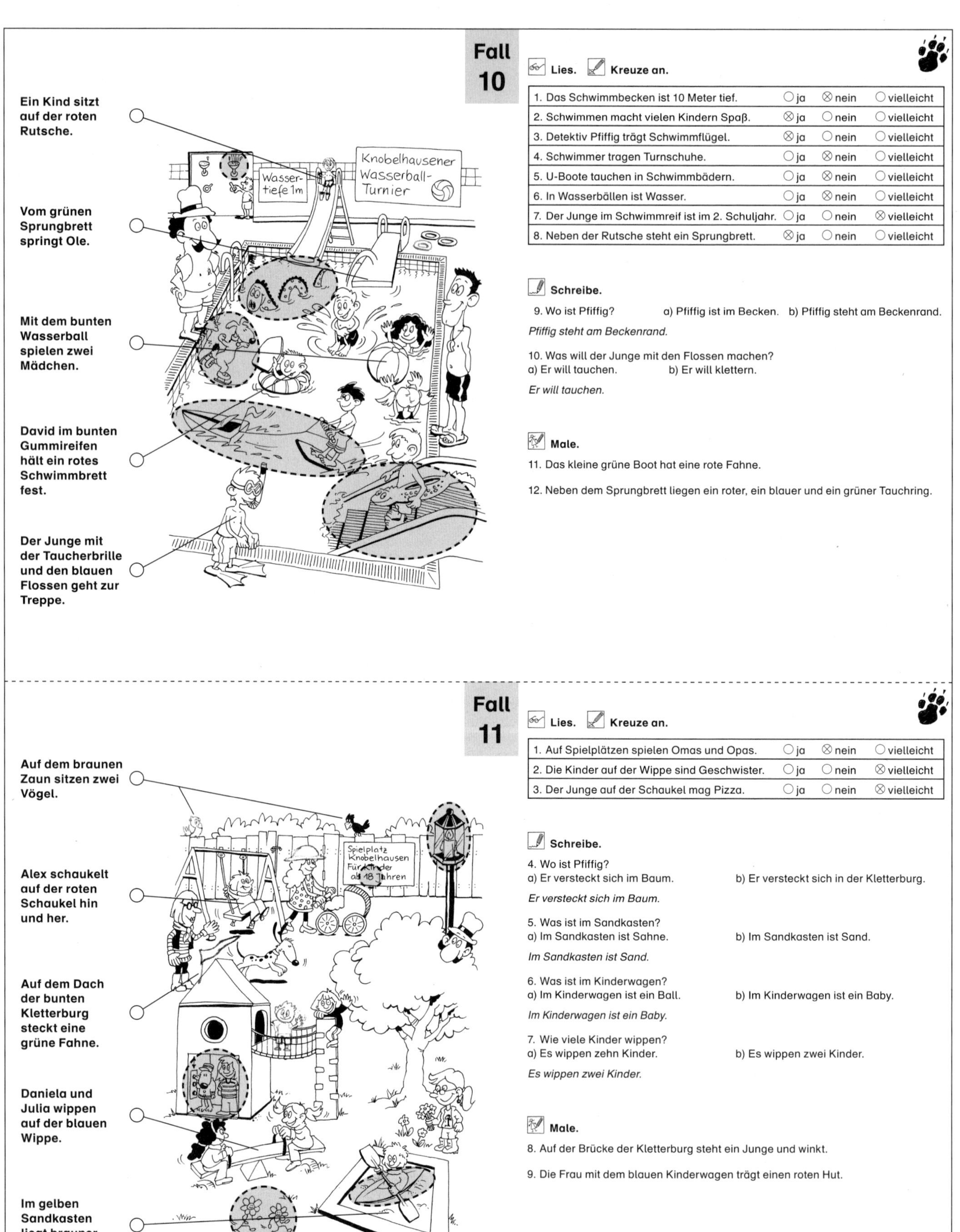

Fall 10

Ein Kind sitzt auf der roten Rutsche.

Vom grünen Sprungbrett springt Ole.

Mit dem bunten Wasserball spielen zwei Mädchen.

David im bunten Gummireifen hält ein rotes Schwimmbrett fest.

Der Junge mit der Taucherbrille und den blauen Flossen geht zur Treppe.

Lies. **Kreuze an.**

1. Das Schwimmbecken ist 10 Meter tief.	○ ja	⊗ nein	○ vielleicht
2. Schwimmen macht vielen Kindern Spaß.	⊗ ja	○ nein	○ vielleicht
3. Detektiv Pfiffig trägt Schwimmflügel.	⊗ ja	○ nein	○ vielleicht
4. Schwimmer tragen Turnschuhe.	○ ja	⊗ nein	○ vielleicht
5. U-Boote tauchen in Schwimmbädern.	○ ja	⊗ nein	○ vielleicht
6. In Wasserbällen ist Wasser.	○ ja	⊗ nein	○ vielleicht
7. Der Junge im Schwimmreif ist im 2. Schuljahr.	○ ja	○ nein	⊗ vielleicht
8. Neben der Rutsche steht ein Sprungbrett.	⊗ ja	○ nein	○ vielleicht

Schreibe.

9. Wo ist Pfiffig? a) Pfiffig ist im Becken. b) Pfiffig steht am Beckenrand.

Pfiffig steht am Beckenrand.

10. Was will der Junge mit den Flossen machen?
a) Er will tauchen. b) Er will klettern.

Er will tauchen.

Male.

11. Das kleine grüne Boot hat eine rote Fahne.

12. Neben dem Sprungbrett liegen ein roter, ein blauer und ein grüner Tauchring.

Fall 11

Auf dem braunen Zaun sitzen zwei Vögel.

Alex schaukelt auf der roten Schaukel hin und her.

Auf dem Dach der bunten Kletterburg steckt eine grüne Fahne.

Daniela und Julia wippen auf der blauen Wippe.

Im gelben Sandkasten liegt brauner Sand.

Lies. **Kreuze an.**

1. Auf Spielplätzen spielen Omas und Opas.	○ ja	⊗ nein	○ vielleicht
2. Die Kinder auf der Wippe sind Geschwister.	○ ja	○ nein	⊗ vielleicht
3. Der Junge auf der Schaukel mag Pizza.	○ ja	○ nein	⊗ vielleicht

Schreibe.

4. Wo ist Pfiffig?
a) Er versteckt sich im Baum. b) Er versteckt sich in der Kletterburg.

Er versteckt sich im Baum.

5. Was ist im Sandkasten?
a) Im Sandkasten ist Sahne. b) Im Sandkasten ist Sand.

Im Sandkasten ist Sand.

6. Was ist im Kinderwagen?
a) Im Kinderwagen ist ein Ball. b) Im Kinderwagen ist ein Baby.

Im Kinderwagen ist ein Baby.

7. Wie viele Kinder wippen?
a) Es wippen zehn Kinder. b) Es wippen zwei Kinder.

Es wippen zwei Kinder.

Male.

8. Auf der Brücke der Kletterburg steht ein Junge und winkt.

9. Die Frau mit dem blauen Kinderwagen trägt einen roten Hut.

Lösungskarten für die Selbstkontrolle: Fälle 12 und 13

Fall 12

Die linke Fahne ist rot und auf ihr ist eine Krone zu sehen.

Die rechte Fahne ist gelb und auf ihr ist ein Schwert zu sehen.

Die Türme haben rote Dächer.

Die Mauer der Burg besteht aus grauen und braunen Steinen.

Aus dem blauen Wassergraben ragen viele Pflanzen.

Der Ritter auf dem braunen Pferd trägt eine silberne Rüstung.

Lies. Kreuze an.

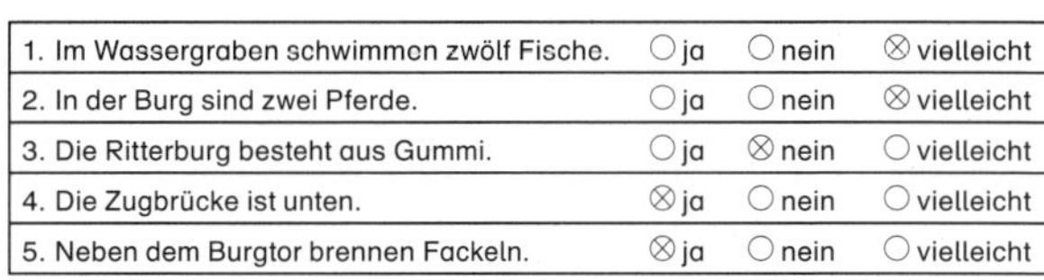

1. Im Wassergraben schwimmen zwölf Fische.	○ ja	○ nein	⊗ vielleicht
2. In der Burg sind zwei Pferde.	○ ja	○ nein	⊗ vielleicht
3. Die Ritterburg besteht aus Gummi.	○ ja	⊗ nein	○ vielleicht
4. Die Zugbrücke ist unten.	⊗ ja	○ nein	○ vielleicht
5. Neben dem Burgtor brennen Fackeln.	⊗ ja	○ nein	○ vielleicht

Schreibe.

6. Was weht im Wind?
a) Im Wind wehen zehn Fahnen. b) Im Wind wehen zwei Fahnen.

Im Wind wehen zwei Fahnen.

7. Wer reitet vor der Burg? a) Dort reitet ein Ritter. b) Dort reitet ein Indianer.

Dort reitet ein Ritter.

8. Wer steht auf der Burgmauer? a) Dort steht eine Köchin. b) Dort steht ein König.

Dort steht ein König.

Male.

9. Die Zugbrücke ist schwarz.
10. Das Feuer der braunen Fackeln lodert rot.
11. Am Himmel sind zwei dunkle Wolken.
12. Auf dem rechten Balkon steht die Königin.
13. Auf der Zugbrücke steht ein Ritter.
14. Eine Fledermaus fliegt am Himmel.

Fall 13

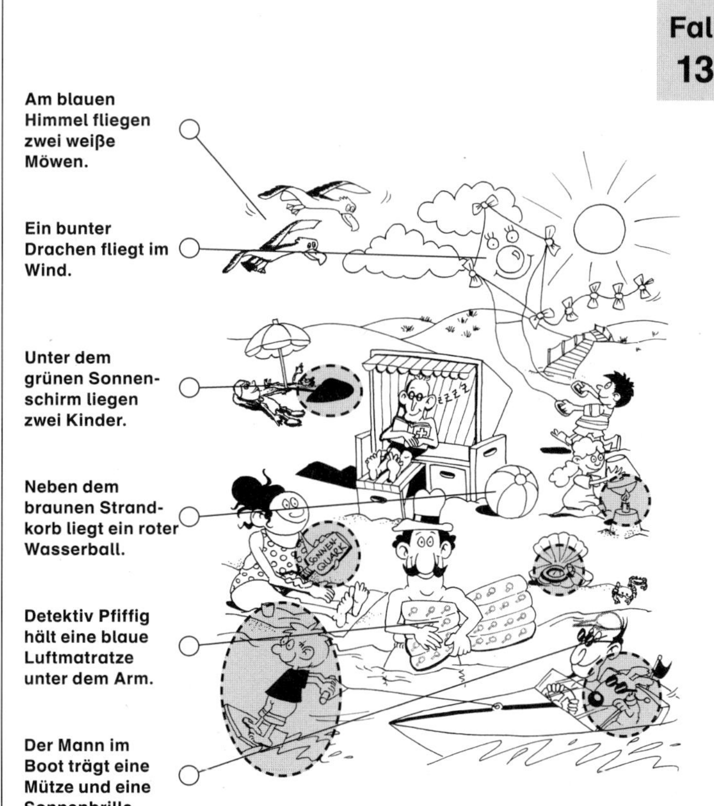

Am blauen Himmel fliegen zwei weiße Möwen.

Ein bunter Drachen fliegt im Wind.

Unter dem grünen Sonnenschirm liegen zwei Kinder.

Neben dem braunen Strandkorb liegt ein roter Wasserball.

Detektiv Pfiffig hält eine blaue Luftmatratze unter dem Arm.

Der Mann im Boot trägt eine Mütze und eine Sonnenbrille.

Lies. Kreuze an.

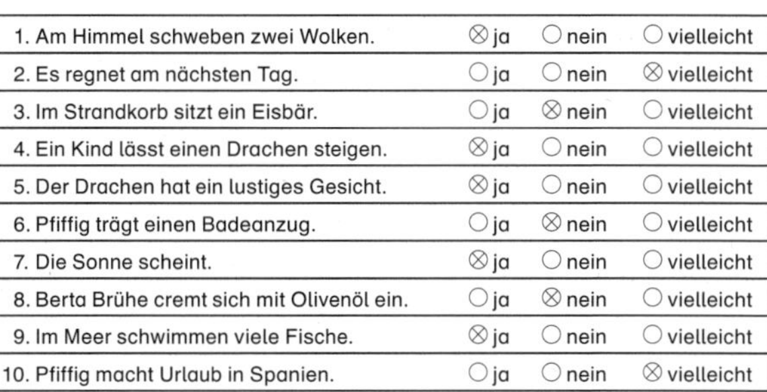

1. Am Himmel schweben zwei Wolken.	⊗ ja	○ nein	○ vielleicht
2. Es regnet am nächsten Tag.	○ ja	○ nein	⊗ vielleicht
3. Im Strandkorb sitzt ein Eisbär.	○ ja	⊗ nein	○ vielleicht
4. Ein Kind lässt einen Drachen steigen.	⊗ ja	○ nein	○ vielleicht
5. Der Drachen hat ein lustiges Gesicht.	⊗ ja	○ nein	○ vielleicht
6. Pfiffig trägt einen Badeanzug.	○ ja	⊗ nein	○ vielleicht
7. Die Sonne scheint.	⊗ ja	○ nein	○ vielleicht
8. Berta Brühe cremt sich mit Olivenöl ein.	○ ja	⊗ nein	○ vielleicht
9. Im Meer schwimmen viele Fische.	⊗ ja	○ nein	○ vielleicht
10. Pfiffig macht Urlaub in Spanien.	○ ja	○ nein	⊗ vielleicht

Schreibe.

11. Was macht Detektiv Pfiffig? a) Pfiffig schwimmt. b) Pfiffig geht ins Wasser.

Pfiffig geht ins Wasser.

12. Was steckt im Sand?
a) Im Sand stecken Sonnenschirme. b) Dort stecken Blumen.

Im Sand stecken Sonnenschirme.

Male.

13. Auf Pfiffigs Luftmatratze sind viele Lupen.
14. Am Strand krabbeln zwei Krebse.

Lösungskarten für die Selbstkontrolle: Fälle 14 und 15

Fall 14

Lies. Kreuze an.

1. An der Wand hängt ein Familienfoto.	⊗ ja	○ nein	○ vielleicht
2. Am Tisch sitzen sechs Kinder.	○ ja	⊗ nein	○ vielleicht
3. Die Familie hat einen Hamster.	○ ja	○ nein	⊗ vielleicht
4. Der Opa ist zwanzig Jahre alt.	○ ja	⊗ nein	○ vielleicht
5. Die Oma ist achtzig Jahre alt.	○ ja	○ nein	⊗ vielleicht
6. Die Kinder sind Geschwister.	⊗ ja	○ nein	○ vielleicht

Schreibe.

7. Was macht die Oma? a) Die Oma holt das Gebiss. b) Die Oma küsst den Opa.

Die Oma holt das Gebiss.

8. Was liegt auf dem Tisch? a) Dort liegt Spielzeug. b) Dort liegt Besteck.

Dort liegt Besteck.

9. Was will die Familie machen? a) Die Familie will lesen. b) Die Familie will essen.

Die Familie will essen.

10. Wer hat sich lieb? a) Teller hat Tasse lieb. b) Mama hat Papa lieb.

Mama hat Papa lieb.

Male.

11. In der blauen Obstschale liegen Bananen und Äpfel.
12. Das Telefon ist gelb.

Das Foto der Familie hat einen roten Bilderrahmen.

Der Vater sitzt gegenüber der Mutter mit den langen braunen Haaren.

Die Familie sitzt gemeinsam am braunen Tisch.

Der Bruder sitzt neben seiner Schwester.

Der Opa mit der Glatze hat sein Gebiss vergessen.

Die Oma mit dem grünen Kleid hält einen Stock in ihrer Hand.

Fall 15

Lies. Kreuze an.

1. Die beiden Flugzeuge haben Propeller.	○ ja	⊗ nein	○ vielleicht
2. In den Koffern ist meist Kleidung.	⊗ ja	○ nein	○ vielleicht
3. Das kleinere Flugzeug fliegt nach Italien.	○ ja	○ nein	⊗ vielleicht
4. Der Hubschrauber hat vier Räder.	○ ja	⊗ nein	○ vielleicht
5. Im Zeppelin sitzen nur Kinder.	○ ja	⊗ nein	○ vielleicht

Schreibe.

6. Was macht Detektiv Pfiffig?
a) Er fliegt mit dem Teppich. b) Er steigt in ein Flugzeug.

Er fliegt mit dem Teppich.

7. Was haben alle Flugzeuge? a) Sie haben Federn. b) Sie haben Flügel.

Sie haben Flügel.

8. Wer fliegt Flugzeuge? a) Piloten fliegen Flugzeuge. b) Piraten fliegen Flugzeuge.

Piloten fliegen Flugzeuge.

Male.

9. Das größere Flugzeug ist rot.
10. Unter dem Zeppelin fliegen drei schwarze Vögel.
11. Neben dem roten Schulbus steht ein blaues Auto.
12. Der Gepäckwagen ist grün.
13. Die Start- und Landebahn ist grau.
14. Das Flughafenschild ist gelb.

Am blauen Himmel fliegt ein gelber Zeppelin.

Aus dem Korb des roten Heißluftballons fliegt ein brauner Sandsack.

Das Flugzeug mit den vier runden, blauen Fenstern startet.

Der bunte Hubschrauber ist gerade gelandet.

Auf dem Anhänger des Gepäckwagens liegen zwei grüne Koffer.

Auf dem gelben Turm sind drei rote Antennen.

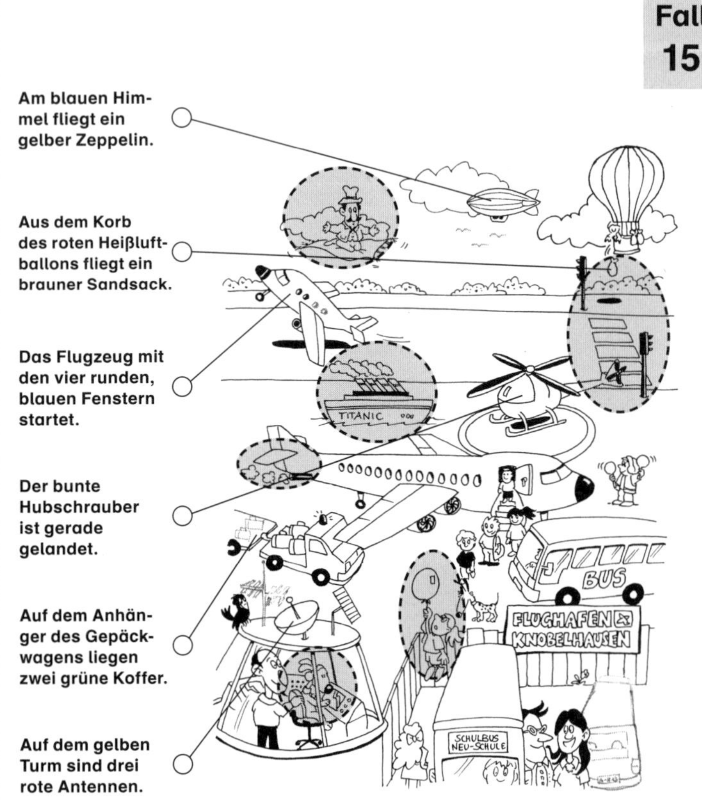

Lösungskarten für die Selbstkontrolle: Fälle 16 und 17

Fall 16

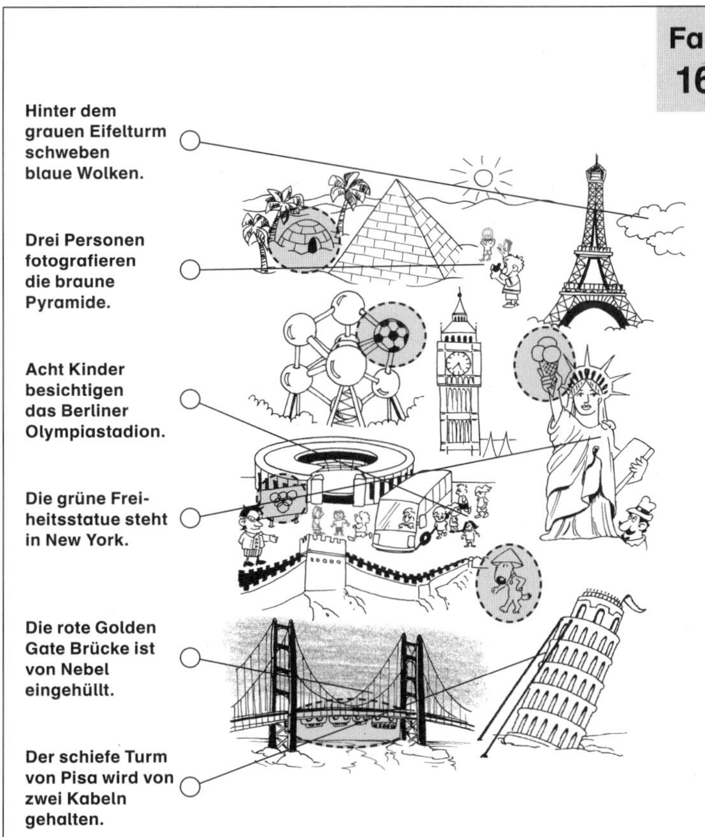

Lies. Kreuze an.

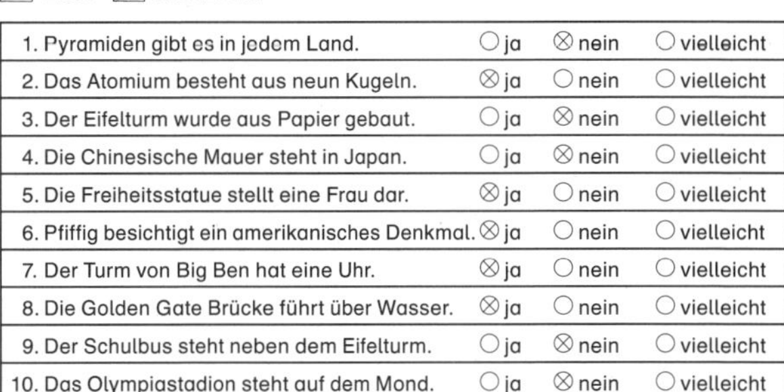

1. Pyramiden gibt es in jedem Land.	○ ja	⊗ nein	○ vielleicht
2. Das Atomium besteht aus neun Kugeln.	⊗ ja	○ nein	○ vielleicht
3. Der Eifelturm wurde aus Papier gebaut.	○ ja	⊗ nein	○ vielleicht
4. Die Chinesische Mauer steht in Japan.	○ ja	⊗ nein	○ vielleicht
5. Die Freiheitsstatue stellt eine Frau dar.	⊗ ja	○ nein	○ vielleicht
6. Pfiffig besichtigt ein amerikanisches Denkmal.	⊗ ja	○ nein	○ vielleicht
7. Der Turm von Big Ben hat eine Uhr.	⊗ ja	○ nein	○ vielleicht
8. Die Golden Gate Brücke führt über Wasser.	⊗ ja	○ nein	○ vielleicht
9. Der Schulbus steht neben dem Eifelturm.	○ ja	⊗ nein	○ vielleicht
10. Das Olympiastadion steht auf dem Mond.	○ ja	⊗ nein	○ vielleicht

Schreibe.

11. Was ist das Atomium? a) Es ist eine Kletterburg. b) Es ist ein Wahrzeichen.

Es ist ein Wahrzeichen.

12. Wo steht die Pyramide? a) Sie steht im Schnee. b) Sie steht in der Wüste.

Sie steht in der Wüste.

Male.

13. Der Uhrturm von Big Ben ist braun.
14. Auf dem Turm von Pisa weht eine rote Fahne.

Fall 17

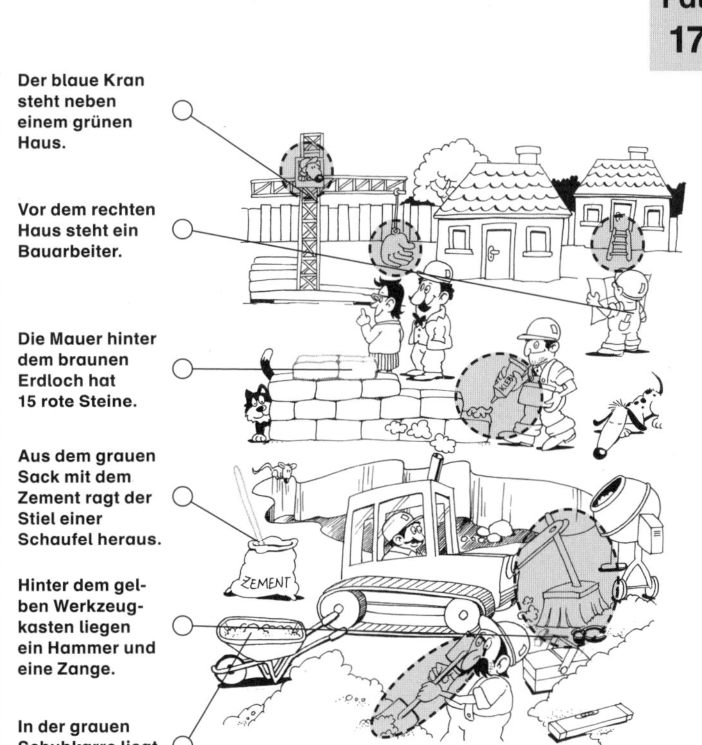

Lies. Kreuze an.

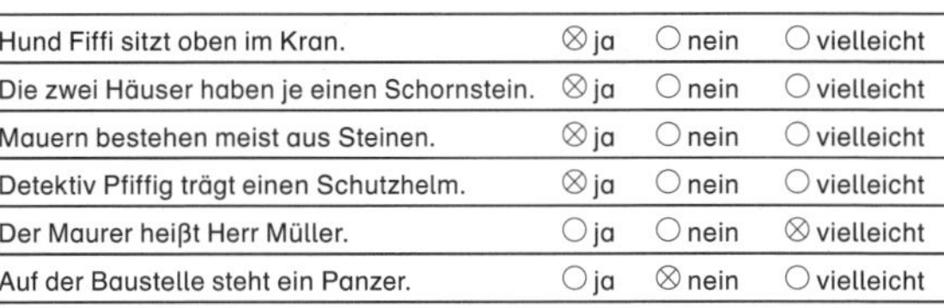

1. Hund Fiffi sitzt oben im Kran.	⊗ ja	○ nein	○ vielleicht
2. Die zwei Häuser haben je einen Schornstein.	⊗ ja	○ nein	○ vielleicht
3. Mauern bestehen meist aus Steinen.	⊗ ja	○ nein	○ vielleicht
4. Detektiv Pfiffig trägt einen Schutzhelm.	⊗ ja	○ nein	○ vielleicht
5. Der Maurer heißt Herr Müller.	○ ja	○ nein	⊗ vielleicht
6. Auf der Baustelle steht ein Panzer.	○ ja	⊗ nein	○ vielleicht

Schreibe.

7. Was wird gebaut? a) Es werden Autos gebaut. b) Es werden Häuser gebaut.

Es werden Häuser gebaut.

8. Was steht neben dem Sandhügel?
a) Dort steht eine Schubkarre. b) Dort stehen Stühle.

Dort steht eine Schubkarre.

9. Wer baut Häuser? a) Fußballer bauen Häuser. b) Bauarbeiter bauen Häuser.

Bauarbeiter bauen Häuser.

10. Was fährt vor dem Erdloch?
a) Dort fährt ein Kran. b) Dort fährt ein Bagger.

Dort fährt ein Bagger.

Male.

11. Alle Schutzhelme sind gelb.
12. Neben dem Erdloch steht eine rote Betonmischmaschine.

Lösungskarten für die Selbstkontrolle: Fälle 18 und 19

Fall 18

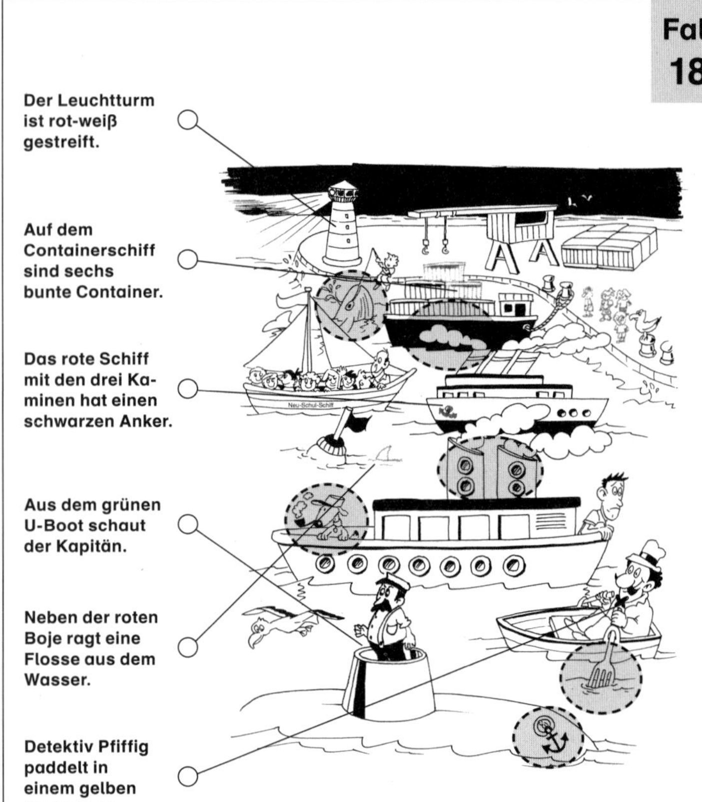

Lies. Kreuze an.

1. Leuchttürme leuchten nachts.	⊗ ja	○ nein	○ vielleicht
2. U-Boote können unter Wasser tauchen.	⊗ ja	○ nein	○ vielleicht
3. Auf dem Containerschiff arbeiten nur Frauen.	○ ja	○ nein	⊗ vielleicht
4. Ruderboote sind schneller als Motorboote.	○ ja	⊗ nein	○ vielleicht
5. Die meisten Schiffe haben einen Anker.	⊗ ja	○ nein	○ vielleicht

Schreibe.

6. Was macht Detektiv Pfiffig? a) Detektiv Pfiffig rutscht. b) Detektiv Pfiffig rudert.

Detektiv Pfiffig rudert.

7. Wie nennt man den Schiffsführer?
a) Man nennt ihn Matrose. b) Man nennt ihn Kapitän.

Man nennt ihn Kapitän.

8. Was macht der Kran?
a) Der Kran versenkt ein Schiff. b) Der Kran entlädt ein Schiff.

Der Kran entlädt ein Schiff.

Male.

9. Das braune Neu-Schul-Schiff hat ein gelbes Segel.
10. Der Kran ist schwarz.
11. Die Hafenmauer ist grün und schwarz.
12. Auf der Hafenmauer stehen vier Kinder.
13. Ecki Eckstoß auf dem blauen Dampfschiff ist seekrank.
14. Das Wasser ist blaugrün.

Fall 19

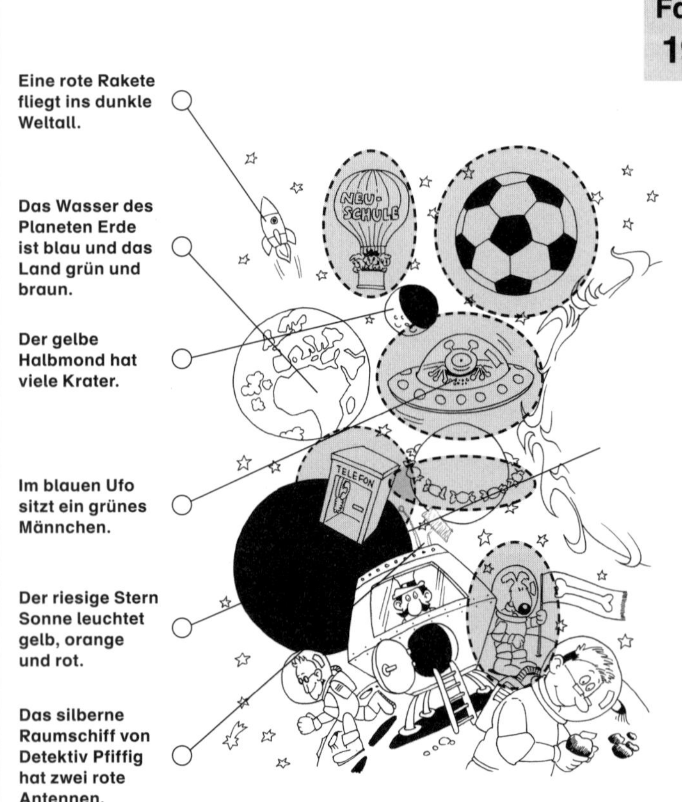

Lies. Kreuze an.

1. Auf dem Planeten Erde leben Menschen.	⊗ ja	○ nein	○ vielleicht
2. Auf dem Mond leben Tiere.	○ ja	⊗ nein	○ vielleicht
3. Der Stern Sonne ist viel größer als die Erde.	⊗ ja	○ nein	○ vielleicht
4. Raumschiffe können ins Weltall fliegen.	⊗ ja	○ nein	○ vielleicht
5. Im Weltall kann man atmen.	○ ja	⊗ nein	○ vielleicht
6. Die Rakete will zu einem Planeten fliegen.	○ ja	○ nein	⊗ vielleicht
7. Detektiv Pfiffig sitzt in einem Auto.	○ ja	⊗ nein	○ vielleicht
8. Die Sonne ist sehr kalt.	○ ja	⊗ nein	○ vielleicht
9. Es gibt Marsmännchen.	○ ja	⊗ nein	○ vielleicht
10. Es gibt Lebewesen im Weltall.	○ ja	○ nein	⊗ vielleicht

Schreibe.

11. Womit fliegt man ins Weltall?
a) Man fliegt mit Flugzeugen ins Weltall. b) Man fliegt mit Raumschiffen ins Weltall.

Man fliegt mit Raumschiffen ins Weltall.

12. Was leuchtet am Nachthimmel?
a) Es leuchten die Sterne. b) Es leuchten Lampen.

Es leuchten die Sterne.

Male.

13. Der gelbe Knochen ist auf einer grünen Flagge.
14. Alle Sterne funkeln gelb.

Lösungskarten für die Selbstkontrolle: Fälle 20 und 21

Fall 20

An dem Feuer stehen zwei Kinder und grillen Würste.

Das rot-weiße Feuerwehrauto hat zwei Blaulichter auf dem Dach.

Aus dem roten Hydranten tropft Wasser.

Der Polizist hält Handschellen in seiner rechten Hand.

Ein Polizeiwagen verfolgt den Bankräuber.

Neben der Bank liegt ein gelber, offener Tresor.

Lies. Kreuze an.

1. Die Notrufnummer der Feuerwehr lautet 112.	⊗ ja	○ nein	○ vielleicht
2. Die Notrufnummer der Polizei lautet 110.	⊗ ja	○ nein	○ vielleicht
3. Detektiv Pfiffig sitzt im Polizeiauto.	⊗ ja	○ nein	○ vielleicht
4. Hund Fiffi sitzt im Feuerwehrwagen.	○ ja	⊗ nein	○ vielleicht
5. Auf dem Baum sitzt eine Katze.	⊗ ja	○ nein	○ vielleicht
6. Die Polizisten jagen den Bankräuber.	⊗ ja	○ nein	○ vielleicht

Schreibe.

7. Was machen die Feuerwehrmänner?
a) Sie löschen ihren Durst. b) Sie löschen Feuer.

Sie löschen Feuer.

8. Was kommt aus einem Hydranten?
a) Daraus fließt Limo. b) Daraus fließt Wasser.

Daraus fließt Wasser.

9. Wo war der Dieb?
a) Der Dieb saß auf der Bank. b) Der Dieb war in der Bank.

Der Dieb war in der Bank.

10. Was hat der Räuber gestohlen?
a) Er hat Geld gestohlen. b) Er hat Bonbons gestohlen.

Er hat Geld gestohlen.

Male.

11. Aus dem braunen Geldsack fallen grüne Geldscheine.
12. Die Bank ist blau.

Fall 21

Im blauen Kühlregal stehen acht grüne Joghurtbecher.

Am roten Wegweiser fehlen die Schilder „Eier“ und „Kasse“.

Der graue Einkaufswagen hat rote Räder.

Oben im gelben Brotregal liegen vier braune Brezeln.

An der Kasse bezahlt ein Junge seinen Einkauf.

Im grünen Obstregal liegen sieben gelbe Bananen.

Lies. Kreuze an.

1. Detektiv Pfiffig kauft einen neuen Hut.	○ ja	⊗ nein	○ vielleicht
2. Zwei Kinder wollen Obst kaufen.	⊗ ja	○ nein	○ vielleicht
3. Im Kühlregal stehen Milchtüten.	⊗ ja	○ nein	○ vielleicht
4. Zehn Eier kosten 2 Euro.	○ ja	○ nein	⊗ vielleicht
5. An der Kasse steht eine lange Schlange.	○ ja	⊗ nein	○ vielleicht

Schreibe.

6. Was legt man in den Einkaufswagen?
a) Man legt Lebensmittel hinein. b) Man legt Müll hinein.

Man legt Lebensmittel hinein.

7. Wo stehen Milch und Quark?
a) Sie stehen im Brotofen. b) Sie stehen im Kühlregal.

Sie stehen im Kühlregal.

8. Was bekommt man an der Kasse?
a) Man bekommt einen Kassenbeleg. b) Man bekommt einen Einkaufszettel.

Man bekommt einen Kassenbeleg.

Male.

9. Die Eier sind braun.
10. Vor der roten Kasse ist ein schwarzes Fließband.
11. Neben dem Kühlregal steht ein drittes Kind.
12. Die sechs Äpfel im Obstregal sind rot.
13. Die vier Milchtüten im Kühlregal sind grün.
14. Im Tierfutterregal stehen grüne und blaue Dosen.

Lösungskarten für die Selbstkontrolle: Fälle 22 und 23

Fall 22

Im Pferdestall steht ein schwarzes Pferd.

Das Kind füttert das gefleckte Pony mit Zuckerwürfeln.

Auf dem krabbelnden Mädchen reitet ein Junge.

Das Wasser im Graben hinter den rot-weißen Hindernissen ist blau.

Auf dem Rücken des vorderen linken Pferdes liegt ein brauner Sattel.

Auf dem Rasen liegen drei braune, dampfende Pferdeäpfel.

Lies. Kreuze an.

1. Im Stall stehen Giraffen.	○ ja	⊗ nein	○ vielleicht
2. Pferde rennen schneller als Menschen.	⊗ ja	○ nein	○ vielleicht
3. Pfiffig und Fiffi reiten auf einem Esel.	○ ja	⊗ nein	○ vielleicht
4. Pfiffig ist ein guter Reiter.	○ ja	○ nein	⊗ vielleicht
5. Pferde haben oft Hufeisen unter ihren Füßen.	⊗ ja	○ nein	○ vielleicht
6. Pferde haben vier Beine.	⊗ ja	○ nein	○ vielleicht
7. Mit Zügeln kann der Reiter Pferde „lenken“.	⊗ ja	○ nein	○ vielleicht
8. Pferde trinken Bier.	○ ja	⊗ nein	○ vielleicht
9. Auf dem Pferdehof leben 30 Pferde.	○ ja	○ nein	⊗ vielleicht
10. Schaukelpferde fressen gerne Gras.	○ ja	⊗ nein	○ vielleicht

Schreibe.

11. Was machen Pferde?
a) Pferde jaulen. b) Pferde wiehern.

Pferde wiehern.

12. Wie heißen weibliche Pferde?
a) Sie heißen Stuten. b) Sie heißen Hengste.

Sie heißen Stuten.

Male.

13. Das Dach des braunen Stalls ist rot.

14. Das Pferd vor den Hindernissen hat eine braune Mähne und einen braunen Schweif.

Fall 23

Zwei rote Autoscooter mit blauen Fahnen prallen aufeinander.

Vor der bunten Losbude liegen viele zerrissene grüne Lose.

Vor der gelben Kasse der Geisterbahn stehen zwei Kinder.

Die vier grünen Wagen der Geisterbahn fahren auf roten Schienen.

Auf den braunen Schienen der Achterbahn fahren sechs blaue Wagen.

Das Riesenrad hat gelbe, rote und blaue Wagen.

Die Bälle im Stand von Detektiv Pfiffig sind gelb und die Dosen grau.

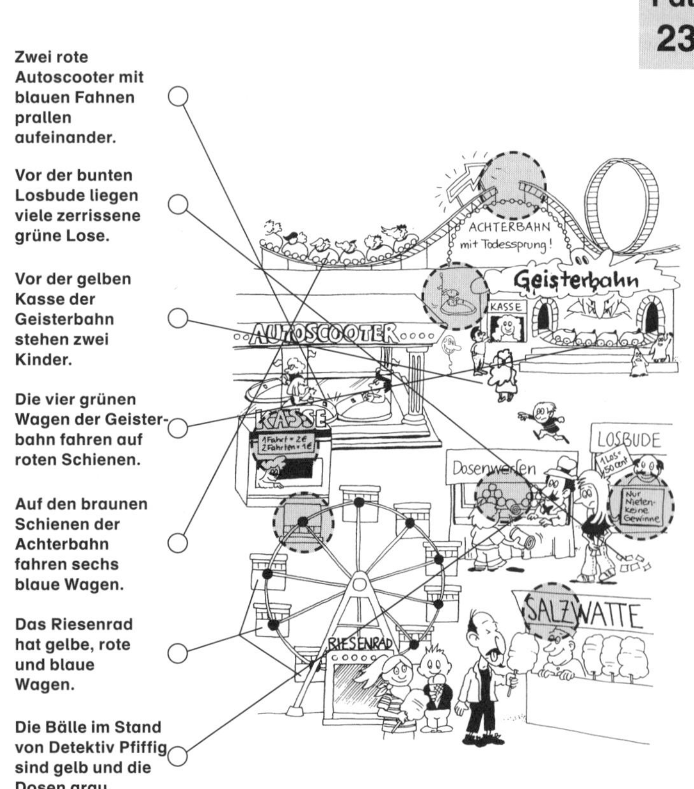

Lies. Kreuze an.

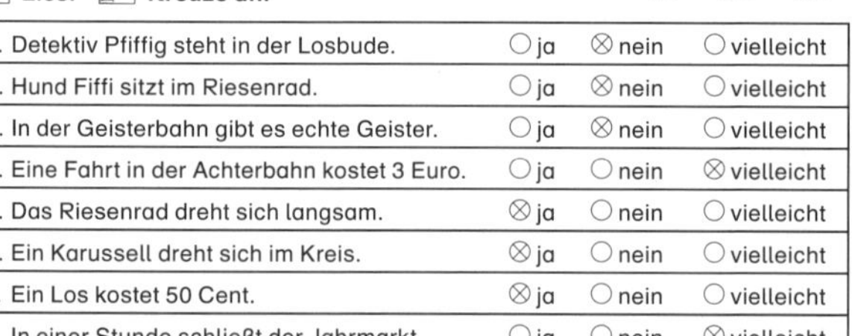

1. Detektiv Pfiffig steht in der Losbude.	○ ja	⊗ nein	○ vielleicht
2. Hund Fiffi sitzt im Riesenrad.	○ ja	⊗ nein	○ vielleicht
3. In der Geisterbahn gibt es echte Geister.	○ ja	⊗ nein	○ vielleicht
4. Eine Fahrt in der Achterbahn kostet 3 Euro.	○ ja	○ nein	⊗ vielleicht
5. Das Riesenrad dreht sich langsam.	⊗ ja	○ nein	○ vielleicht
6. Ein Karussell dreht sich im Kreis.	⊗ ja	○ nein	○ vielleicht
7. Ein Los kostet 50 Cent.	⊗ ja	○ nein	○ vielleicht
8. In einer Stunde schließt der Jahrmarkt.	○ ja	○ nein	⊗ vielleicht

Schreibe.

9. Wie schmeckt Zuckerwatte? a) Sie schmeckt salzig. b) Sie schmeckt süß.

Sie schmeckt süß.

10. Worauf fährt die Geisterbahn?
a) Sie fährt auf Straßen. b) Sie fährt auf Schienen.

Sie fährt auf Schienen.

11. Was steht vor dem Autoscooter?
a) Dort steht ein Kassenhäuschen. b) Dort steht ein Karussell.

Dort steht ein Kassenhäuschen.

12. Was verfolgt der Junge?
a) Er verfolgt seinen Luftballon. b) Er verfolgt sein Flugzeug.

Er verfolgt seinen Luftballon.

Male.

13. Das Geisterbahn-Schild ist rot und schwarz.

14. Vor der Geisterbahn stehen zwei Gespenster.

Lösungskarten für die Selbstkontrolle: Fälle 24 und 25

Fall 24

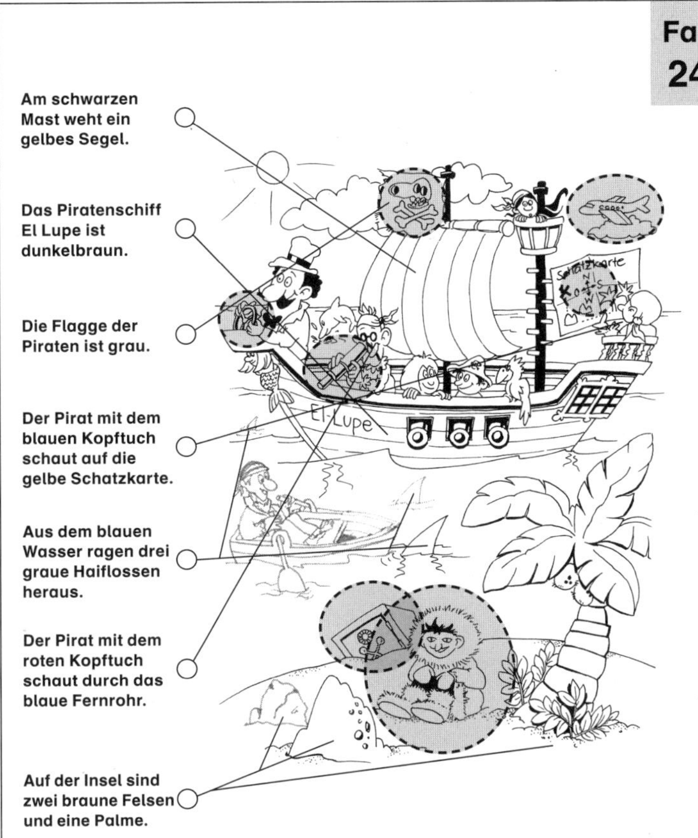

Lies. **Kreuze an.**

1. Es ist schönes Wetter.	⊗ ja	○ nein	○ vielleicht
2. Das Piratenschiff besteht aus Holz.	⊗ ja	○ nein	○ vielleicht
3. Das Piratenschiff heißt El Lunte.	○ ja	⊗ nein	○ vielleicht
4. Auf dem Schiff sind zwölf Kanonen.	○ ja	⊗ nein	○ vielleicht
5. Die Schatzkarte ist 100 Jahre alt.	○ ja	○ nein	⊗ vielleicht
6. Mit Fernrohren kann man schießen.	○ ja	⊗ nein	○ vielleicht
7. Die Piraten möchten zur Schatzinsel segeln.	⊗ ja	○ nein	○ vielleicht

Schreibe.

8. Wer steht im Ausguck? a) Im Ausguck steht ein Pirat. b) Im Ausguck steht ein Pilot.
Im Ausguck steht ein Pirat.

9. Was tragen Piraten auf dem Kopf?
a) Sie tragen Mützen. b) Sie tragen Kopftücher.
Sie tragen Kopftücher.

10. Was hängt am vorderen Mast?
a) Dort hängen ein Segel und eine Flagge. b) Dort hängen ein Flegel und ein Sack.
Dort hängen ein Segel und eine Flagge.

Male.

11. Am blauen Himmel sind die gelbe Sonne und weiße Wolken.
12. Der Ausguck ist braun.
13. Der Papagei hat bunte Federn.
14. Im Meer rudert ein Pirat im kleinen braunen Boot.
15. An der grünen Palme hängen zwei braune Kokosnüsse.
16. Das Meer ist blau.

Fall 25

Lies. **Kreuze an.**

1. Auf dem Bauernhof stehen vier Bäume.	○ ja	○ nein	⊗ vielleicht
2. Aus den Eutern von Kühen kommt Joghurt.	○ ja	⊗ nein	○ vielleicht
3. Ein Huhn legt täglich ein Ei.	○ ja	○ nein	⊗ vielleicht
4. Auf dem Stall liegt eine Katze.	⊗ ja	○ nein	○ vielleicht
5. Mit dem Traktor fährt der Bauer Rennen.	○ ja	⊗ nein	○ vielleicht
6. Der Bauer wohnt in der Scheune.	○ ja	⊗ nein	○ vielleicht
7. Der Bauer hat eine Frau.	○ ja	○ nein	⊗ vielleicht
8. Der Bauer trägt Stiefel.	⊗ ja	○ nein	○ vielleicht
9. Schweine grunzen und quieken.	⊗ ja	○ nein	○ vielleicht
10. Hühner gackern.	⊗ ja	○ nein	○ vielleicht
11. Der Bauer besitzt zwei Maisfelder.	○ ja	○ nein	⊗ vielleicht
12. Die Schubkarre hat zwei Räder.	○ ja	⊗ nein	○ vielleicht

Schreibe.

13. Was macht Detektiv Pfiffig? a) Pfiffig pflückt Birnen. b) Pfiffig pflückt Blumen.
Pfiffig pflückt Birnen.

14. Was macht der Bauer? a) Er füttert die Tiere. b) Er futtert die Tiere.
Er füttert die Tiere.

Male.

15. Die braune Kuh mit den Flecken frisst Gras.
16. Auf dem Stall sitzt ein schwarzer Rabe.
17. Vor dem Stall ist eine Wasserpfütze.
18. Auf dem Feld hinten links steht eine Vogelscheuche.

Lösungskarten für die Selbstkontrolle: Fälle 26 und 27

Fall 26

Auf dem braunen Ast sitzen drei bunte Papageien und krächzen.

Neben den Papageien turnt ein schwarzer Affe mit braunem Gesicht.

Fünf Zoobesucher stehen hinter dem blauen Zaun und lächeln.

Das graue Nashorn trinkt Wasser aus einem gelben Trog.

Im roten Käfig brüllt der Löwe und zeigt dabei seine langen, spitzen Zähne.

Der graue Elefant spritzt Wasser aus seinem langen Rüssel.

Die gelbe Giraffe mit den braunen Flecken frisst grünes Gras.

Lies. Kreuze an.

1. Im Zoo leben viele Tiere.	⊗ ja	○ nein	○ vielleicht
2. Nashörner bohren oft in der Nase.	○ ja	⊗ nein	○ vielleicht
3. Am Baum hängen zwei Affen.	○ ja	⊗ nein	○ vielleicht
4. Auf dem Baum hocken Papageien.	⊗ ja	○ nein	○ vielleicht
5. Elefanten bellen laut.	○ ja	⊗ nein	○ vielleicht
6. Die Giraffe ist genau drei Meter hoch.	○ ja	○ nein	⊗ vielleicht
7. Der Löwe frisst Fleisch.	⊗ ja	○ nein	○ vielleicht
8. Das Kamel kann Wasser speichern.	⊗ ja	○ nein	○ vielleicht

Schreibe.

9. Wo steht Detektiv Pfiffig?
a) Pfiffig steht hinter dem Zaun. b) Pfiffig steht im Gehege.
Pfiffig steht hinter dem Zaun.

10. Wo ist der Löwe? a) Der Löwe ist auf dem Baum. b) Der Löwe ist im Käfig.
Der Löwe ist im Käfig.

11. Was isst der Affe? a) Der Affe isst Papageien. b) Der Affe isst eine Banane.
Der Affe isst eine Banane.

12. Was machen Schafe?
a) Sie krächzen und plappern. b) Sie blöken und meckern.
Sie blöken und meckern.

Male.

13. Ein Besucher füttert das braune Kamel.
14. Die Mauer um das Kamelgehege besteht aus roten und braunen Steinen.

Fall 27

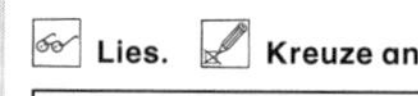

Der Zirkusdirektor mit dem schwarzen Zylinder steht vor dem roten Vorhang.

Der Einradfahrer fährt auf dem grünen Manegenrand.

Die beiden Podeste sind rot-blau gestreift.

Der braun gestreifte Tiger hält eine Peitsche und einen brennenden Reifen.

Der Clown mit der bunten Kleidung hat eine blaue Nase.

Die Ballerina auf dem Hochseil hält einen roten Schirm.

Der Fakir liegt auf dem roten Brett mit grauen Nägeln.

Lies. Kreuze an.

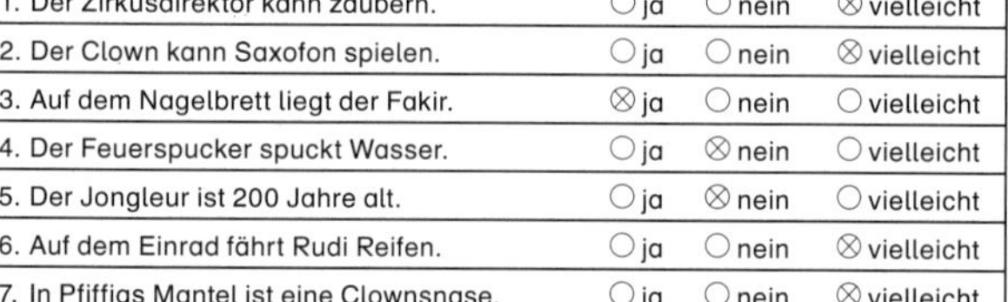

1. Der Zirkusdirektor kann zaubern.	○ ja	○ nein	⊗ vielleicht
2. Der Clown kann Saxofon spielen.	○ ja	○ nein	⊗ vielleicht
3. Auf dem Nagelbrett liegt der Fakir.	⊗ ja	○ nein	○ vielleicht
4. Der Feuerspucker spuckt Wasser.	○ ja	⊗ nein	○ vielleicht
5. Der Jongleur ist 200 Jahre alt.	○ ja	⊗ nein	○ vielleicht
6. Auf dem Einrad fährt Rudi Reifen.	○ ja	○ nein	⊗ vielleicht
7. In Pfiffigs Mantel ist eine Clownsnase.	○ ja	○ nein	⊗ vielleicht

Schreibe.

8. Was macht Detektiv Pfiffig?
a) Pfiffig turnt am Trapez. b) Pfiffig springt durch den Reifen.
Pfiffig turnt am Trapez.

9. Welcher Artist ist oft lustig?
a) Der Dompteur ist oft lustig. b) Der Clown ist oft lustig.
Der Clown ist oft lustig.

10. Was macht Fiffi? a) Fiffi spuckt Feuer. b) Fiffi fährt Einrad.
Fiffi spuckt Feuer.

Male.

11. Das Feuer ist rot und gelb.
12. Viele Zuschauer applaudieren und jubeln.
13. Das grüne Krokodil hängt am braunen Trapez.
14. Der Boden der Manege ist gelb.
15. Der Clown hält eine Blume in seiner linken Hand.
16. Der brennende Reifen ist blau.

Lösungskarten für die Selbstkontrolle: Fälle 28 und 29

Fall 28

Im blauen Fluss schwimmen zwei braune Kanus.

Am Fluss stehen vier bunte Tipi-Zelte.

Um das Lagerfeuer herum sitzen zwei Indianer, ein Cowboy und Karl Komma.

Zwei Büffel flüchten vor den Indianern.

Ein Indianer zielt mit Pfeil und braunem Bogen.

Drei Indianerkinder zeigen Pfiffig ihre drei Speere.

Die Frau malt blaue und rote Streifen in das Gesicht des Häuptlings.

Lies. **Kreuze an.**

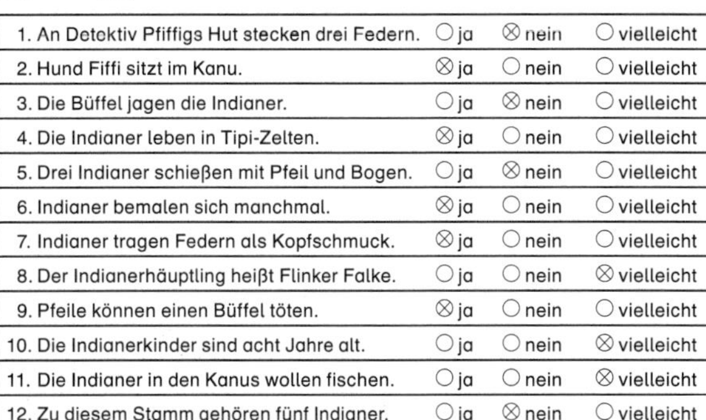

1. An Detektiv Pfiffigs Hut stecken drei Federn.	○ ja	⊗ nein	○ vielleicht
2. Hund Fiffi sitzt im Kanu.	⊗ ja	○ nein	○ vielleicht
3. Die Büffel jagen die Indianer.	○ ja	⊗ nein	○ vielleicht
4. Die Indianer leben in Tipi-Zelten.	⊗ ja	○ nein	○ vielleicht
5. Drei Indianer schießen mit Pfeil und Bogen.	○ ja	⊗ nein	○ vielleicht
6. Indianer bemalen sich manchmal.	⊗ ja	○ nein	○ vielleicht
7. Indianer tragen Federn als Kopfschmuck.	⊗ ja	○ nein	○ vielleicht
8. Der Indianerhäuptling heißt Flinker Falke.	○ ja	○ nein	⊗ vielleicht
9. Pfeile können einen Büffel töten.	⊗ ja	○ nein	○ vielleicht
10. Die Indianerkinder sind acht Jahre alt.	○ ja	○ nein	⊗ vielleicht
11. Die Indianer in den Kanus wollen fischen.	○ ja	○ nein	⊗ vielleicht
12. Zu diesem Stamm gehören fünf Indianer.	○ ja	⊗ nein	○ vielleicht

Schreibe.

13. Was machen die Büffel?
a) Die Büffel flüchten vor den Indianern. b) Die Büffel schlafen.

Die Büffel flüchten vor den Indianern.

14. Was steht am Fluss?
a) Am Fluss stehen Tipi-Zelte. b) Am Fluss stehen Hochhäuser.

Am Fluss stehen Tipi-Zelte.

Male.

15. Im Hintergrund geht die Sonne rot unter.
16. Die Büffel haben braunes Fell.
17. Detektiv Pfiffig hält einen schwarzen Speer.
18. Das Pferd ist braun.

Fall 29

Durch den Ausgang läuft eine Frau mit rotem Koffer aus der Bahnhofshalle.

Neben dem blauen Fahrkartenautomaten steht ein Mann mit Hut.

Der nette Schaffner mit der blauen Mütze trägt eine schwarze Tasche.

In dem rot-weißen IC-Zug sitzen zwei Kinder, die winken und lachen.

Neben der braunen Holzbank stehen zwei grüne Koffer auf dem Bahnsteig.

Der rot-weiße ICE-Zug hat dunkle Fensterscheiben.

Detektiv Pfiffig wartet auf den ICE und hält einen braunen Koffer in der Hand.

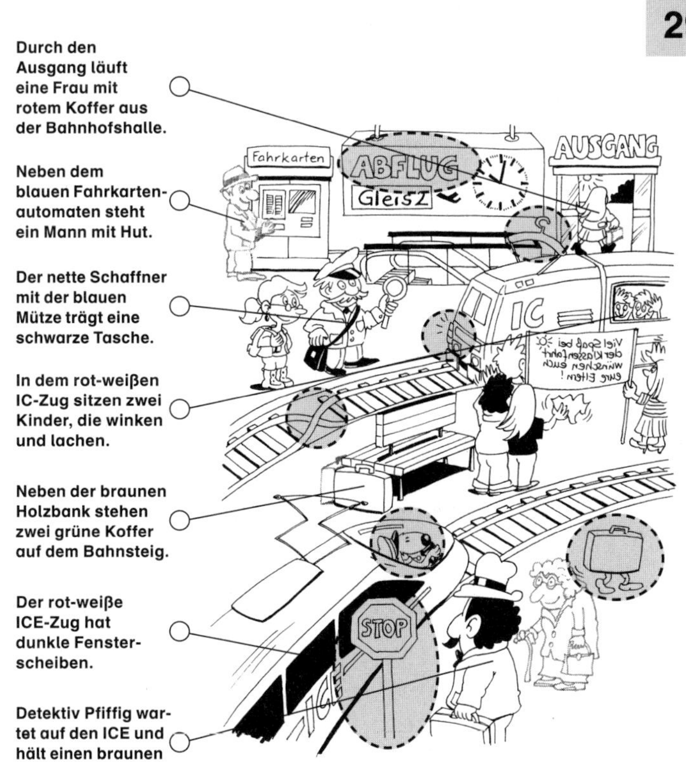

Lies. **Kreuze an.**

1. Detektiv Pfiffig will verreisen.	○ ja	○ nein	⊗ vielleicht
2. Züge fahren auf Schienen.	⊗ ja	○ nein	○ vielleicht
3. Der Schaffner steht an Gleis 2.	⊗ ja	○ nein	○ vielleicht
4. Hund Fiffi steht auf der Rolltreppe.	○ ja	⊗ nein	○ vielleicht
5. Für eine Zugfahrt braucht man eine Fahrkarte.	⊗ ja	○ nein	○ vielleicht
6. Es ist genau elf Uhr.	○ ja	⊗ nein	○ vielleicht
7. Im IC und ICE sitzen keine Personen.	○ ja	⊗ nein	○ vielleicht
8. Eltern verabschieden sich von ihren Kindern.	⊗ ja	○ nein	○ vielleicht

Schreibe.

9. Was macht Detektiv Pfiffig?
a) Pfiffig sitzt im Zug. b) Pfiffig steht auf dem Bahnsteig.

Pfiffig steht auf dem Bahnsteig.

10. Was steht neben der Rolltreppe?
a) Da steht ein Fahrkartenautomat. b) Da steht Fiffi.

Da steht ein Fahrkartenautomat.

11. Wer kontrolliert Fahrkarten?
a) Detektive kontrollieren sie. b) Schaffner kontrollieren sie.

Schaffner kontrollieren sie.

12. Was steht auf dem Schild?
a) Viel Spaß bei der Klassenarbeit. b) Viel Spaß bei der Klassenfahrt.

Viel Spaß bei der Klassenfahrt.

Male.

13. Drei Eltern halten das blaue Schild hoch.
14. Neben Pfiffig wartet eine Oma.

Lösungskarten für die Selbstkontrolle: Fälle 30 und 31

Fall 30

Die Anzeigetafel mit dem Spielstand blinkt rot und gelb. ○

Die Zuschauer jubeln und feuern die Fußballer an. ○

Die Torpfosten und die Latte sind grau und das Tornetz ist blau. ○

Die angreifenden Spieler tragen rote Trikots und blaue Hosen. ○

Die abwehrende Mannschaft trägt blaue Trikots und rote Hosen. ○

Der Fußball ist schwarz-weiß und rollt über den grünen Rasen. ○

Schiedsrichter Ecki Eckstoß zeigt die rote Karte. ○

Lies. Kreuze an.

1. Die Zuschauer sind Handball-Fans.	○ ja	⊗ nein	○ vielleicht
2. Auf dem Spielfeld spielen zwei Mannschaften.	⊗ ja	○ nein	○ vielleicht
3. Sie spielen im Stadion von Knobelhausen.	⊗ ja	○ nein	○ vielleicht
4. Ein Spieler schießt gleich ein Tor.	○ ja	○ nein	⊗ vielleicht
5. Das Fußballspiel dauert noch zehn Minuten.	○ ja	○ nein	⊗ vielleicht
6. Der Schiedsrichter heißt Kurt Kehrblech.	○ ja	⊗ nein	○ vielleicht
7. Der Torwart steht hinter dem Tor.	○ ja	⊗ nein	○ vielleicht

Schreibe.

8. Was macht Detektiv Pfiffig?
a) Pfiffig mäht den Rasen. b) Pfiffig schießt ein Tor.
Pfiffig mäht den Rasen.

9. Was macht der Angreifer mit dem Ball? a) Er dribbelt. b) Er foult.
Er dribbelt.

10. Was machen die Zuschauer?
a) Sie jubeln und feuern an. b) Sie weinen und kreischen.
Sie jubeln und feuern an.

Male.

11. Die Eckfahne ist gelb.
12. Die Pfeife des Schiedsrichters ist schwarz.
13. Die grüne Flutlichtanlage leuchtet gelb.
14. Die Werbeschilder sind blau.
15. Am Spielfeldrand liegen zwei Ersatzfußbälle.
16. Die Torwarthandschuhe sind braun.

Fall 31

Auf dem Schild am bunten Krankenbett steht „Jonas". ○

Links neben der braunen Tür hängt ein Schild mit der Zimmernummer 24. ○

Auf dem gelben Nachtschrank steht ein Glas Wasser. ○

Der Arzt mit der Brille untersucht aus Spaß Jonas braunen Teddybären. ○

Die Krankenschwester mit der Spritze trägt eine grüne Haube. ○

Das blaue Fieberthermometer steckt im Mund des kranken Patienten. ○

Pfiffig hält eine rote Flasche mit Medizin in der Hand. ○

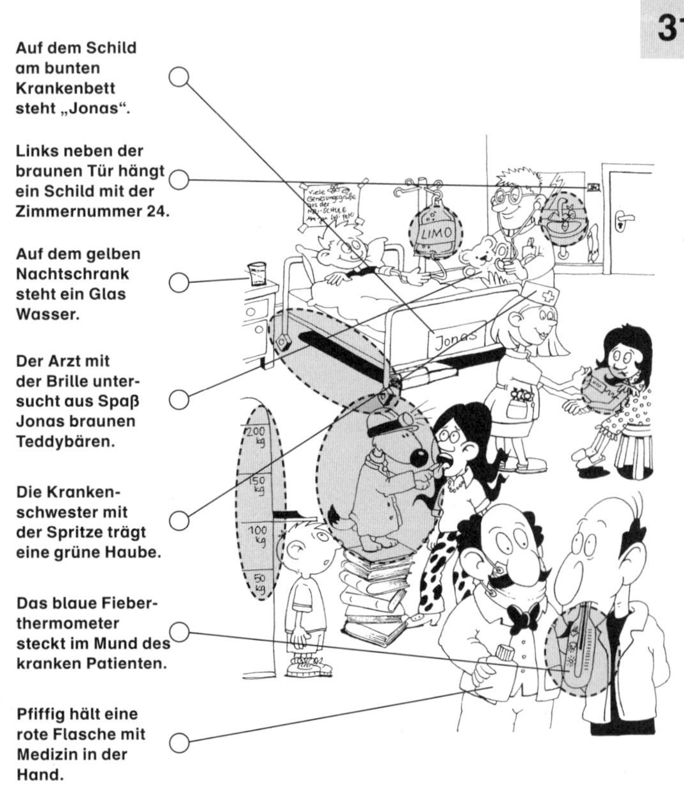

Lies. Kreuze an.

1. Detektiv Pfiffig liegt krank im Bett.	○ ja	⊗ nein	○ vielleicht
2. Hund Fiffi liegt neben dem Krankenbett.	○ ja	⊗ nein	○ vielleicht
3. Der Nachtschrank hat eine Schublade.	⊗ ja	○ nein	○ vielleicht
4. Die Zimmernummer ist 42.	○ ja	⊗ nein	○ vielleicht
5. Einer der kleinen Patienten heißt Jonas.	⊗ ja	○ nein	○ vielleicht
6. Die Krankenschwester heißt Susi.	○ ja	○ nein	⊗ vielleicht
7. Der Arzt will dem Patienten im Bett helfen.	⊗ ja	○ nein	○ vielleicht
8. Gleich klopft Krankenbesuch an die Tür.	○ ja	○ nein	⊗ vielleicht
9. Mit dem Thermometer misst man die Größe.	○ ja	⊗ nein	○ vielleicht
10. Das Kind auf dem Hocker ist zwei Meter groß.	○ ja	⊗ nein	○ vielleicht
11. Das Kind im Bett hat Fieber.	○ ja	○ nein	⊗ vielleicht
12. Der Arzt mit der Brille hat Fieber.	○ ja	⊗ nein	○ vielleicht

Schreibe.

13. Was hängt neben dem Waschbecken?
a) Dort hängt ein Handschuh. b) Dort hängt ein Handtuch.
Dort hängt ein Handtuch.

14. Was hält Pfiffig in der Hand?
a) Er hält eine Medizinflasche in der Hand. b) Er hält eine Bierflasche in der Hand.
Er hält eine Medizinflasche in der Hand.

Male.

15. Der Arztkittel von Fiffi ist blau.
16. Die Krankenschwester hat drei Lollis in der Tasche.
17. Pfiffigs Mundschutz ist grün.
18. Unter dem Bett liegen drei rote Bücher.

Lösungskarten für die Selbstkontrolle: Fälle 32 und 33

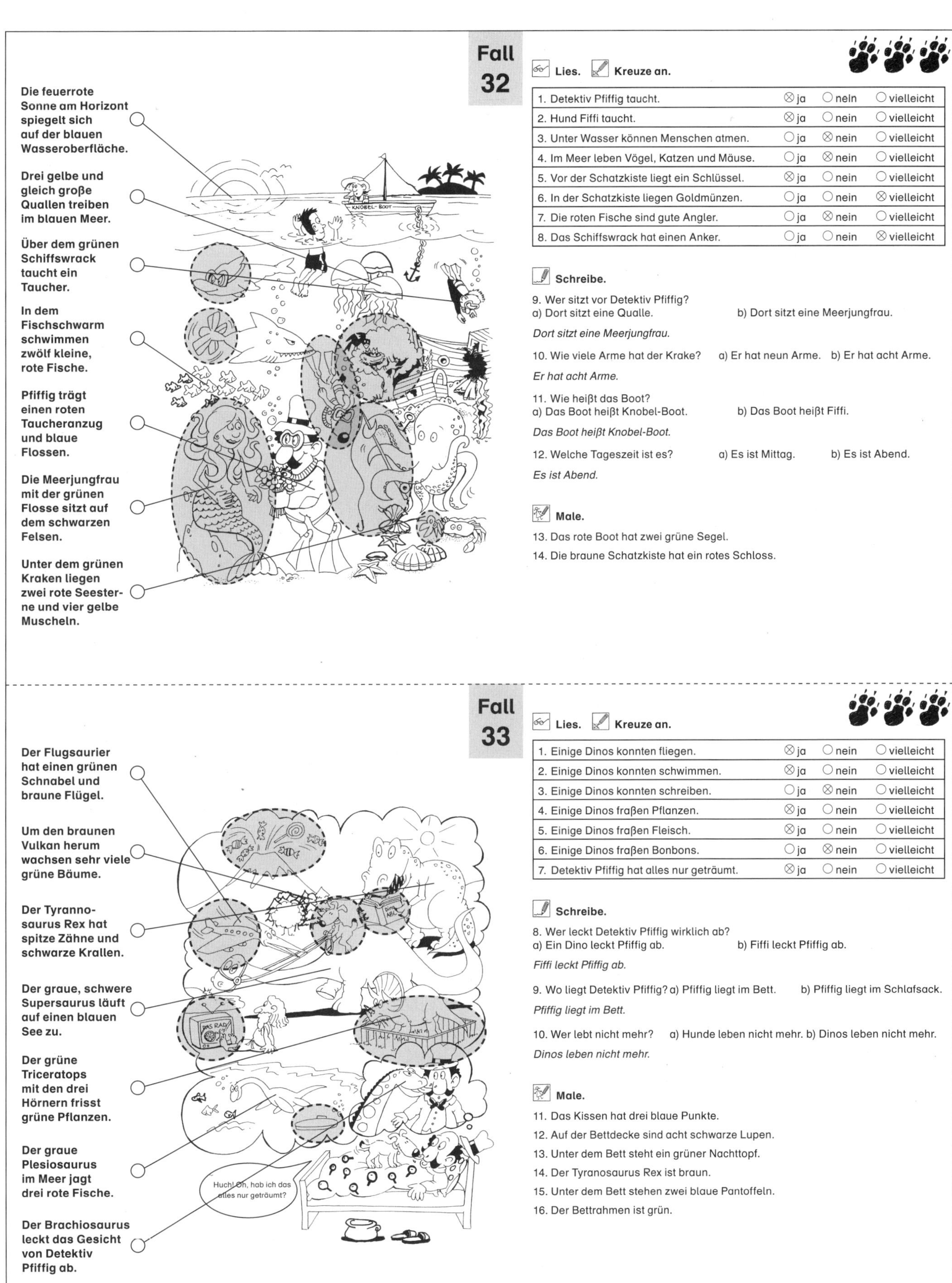

Fall 32

Die feuerrote Sonne am Horizont spiegelt sich auf der blauen Wasseroberfläche.

Drei gelbe und gleich große Quallen treiben im blauen Meer.

Über dem grünen Schiffswrack taucht ein Taucher.

In dem Fischschwarm schwimmen zwölf kleine, rote Fische.

Pfiffig trägt einen roten Taucheranzug und blaue Flossen.

Die Meerjungfrau mit der grünen Flosse sitzt auf dem schwarzen Felsen.

Unter dem grünen Kraken liegen zwei rote Seesterne und vier gelbe Muscheln.

Lies. Kreuze an.

1. Detektiv Pfiffig taucht.	⊗ ja	○ nein	○ vielleicht
2. Hund Fiffi taucht.	⊗ ja	○ nein	○ vielleicht
3. Unter Wasser können Menschen atmen.	○ ja	⊗ nein	○ vielleicht
4. Im Meer leben Vögel, Katzen und Mäuse.	○ ja	⊗ nein	○ vielleicht
5. Vor der Schatzkiste liegt ein Schlüssel.	⊗ ja	○ nein	○ vielleicht
6. In der Schatzkiste liegen Goldmünzen.	○ ja	○ nein	⊗ vielleicht
7. Die roten Fische sind gute Angler.	○ ja	⊗ nein	○ vielleicht
8. Das Schiffswrack hat einen Anker.	○ ja	○ nein	⊗ vielleicht

Schreibe.

9. Wer sitzt vor Detektiv Pfiffig?
a) Dort sitzt eine Qualle. b) Dort sitzt eine Meerjungfrau.

Dort sitzt eine Meerjungfrau.

10. Wie viele Arme hat der Krake? a) Er hat neun Arme. b) Er hat acht Arme.

Er hat acht Arme.

11. Wie heißt das Boot?
a) Das Boot heißt Knobel-Boot. b) Das Boot heißt Fiffi.

Das Boot heißt Knobel-Boot.

12. Welche Tageszeit ist es? a) Es ist Mittag. b) Es ist Abend.

Es ist Abend.

Male.

13. Das rote Boot hat zwei grüne Segel.
14. Die braune Schatzkiste hat ein rotes Schloss.

Fall 33

Der Flugsaurier hat einen grünen Schnabel und braune Flügel.

Um den braunen Vulkan herum wachsen sehr viele grüne Bäume.

Der Tyrannosaurus Rex hat spitze Zähne und schwarze Krallen.

Der graue, schwere Supersaurus läuft auf einen blauen See zu.

Der grüne Triceratops mit den drei Hörnern frisst grüne Pflanzen.

Der graue Plesiosaurus im Meer jagt drei rote Fische.

Der Brachiosaurus leckt das Gesicht von Detektiv Pfiffig ab.

Lies. Kreuze an.

1. Einige Dinos konnten fliegen.	⊗ ja	○ nein	○ vielleicht
2. Einige Dinos konnten schwimmen.	⊗ ja	○ nein	○ vielleicht
3. Einige Dinos konnten schreiben.	○ ja	⊗ nein	○ vielleicht
4. Einige Dinos fraßen Pflanzen.	⊗ ja	○ nein	○ vielleicht
5. Einige Dinos fraßen Fleisch.	⊗ ja	○ nein	○ vielleicht
6. Einige Dinos fraßen Bonbons.	○ ja	⊗ nein	○ vielleicht
7. Detektiv Pfiffig hat alles nur geträumt.	⊗ ja	○ nein	○ vielleicht

Schreibe.

8. Wer leckt Detektiv Pfiffig wirklich ab?
a) Ein Dino leckt Pfiffig ab. b) Fiffi leckt Pfiffig ab.

Fiffi leckt Pfiffig ab.

9. Wo liegt Detektiv Pfiffig? a) Pfiffig liegt im Bett. b) Pfiffig liegt im Schlafsack.

Pfiffig liegt im Bett.

10. Wer lebt nicht mehr? a) Hunde leben nicht mehr. b) Dinos leben nicht mehr.

Dinos leben nicht mehr.

Male.

11. Das Kissen hat drei blaue Punkte.
12. Auf der Bettdecke sind acht schwarze Lupen.
13. Unter dem Bett steht ein grüner Nachttopf.
14. Der Tyranosaurus Rex ist braun.
15. Unter dem Bett stehen zwei blaue Pantoffeln.
16. Der Bettrahmen ist grün.

Detektivausweis

Bastelvorlage (ausschneiden und zusammenkleben)

Außenansicht

Innenansicht

Diese Fälle habe ich schon gelöst:

Fall 1	Fall 12	Fall 23
Fall 2	Fall 13	Fall 24
Fall 3	Fall 14	Fall 25
Fall 4	Fall 15	Fall 26
Fall 5	Fall 16	Fall 27
Fall 6	Fall 17	Fall 28
Fall 7	Fall 18	Fall 29
Fall 8	Fall 19	Fall 30
Fall 9	Fall 20	Fall 31
Fall 10	Fall 21	Fall 32
Fall 11	Fall 22	Fall 33

Detektivurkunde

Urkunde

Toll!
Du hast alle Fälle
mit Detektiv Pfiffig gelöst!

Somit darfst du

____
(Name)

dich ab heute
„Detektiv der 2. Lupe 🔍🔍“
nennen.

Knobelhausen, den ____________________

Dein Detektiv Pfiffig

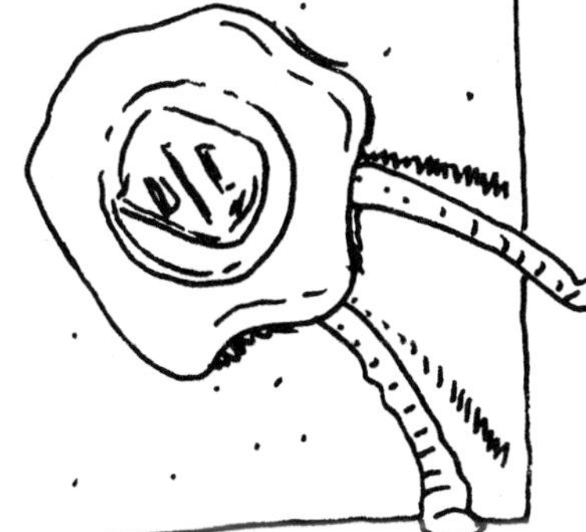